「日本政治の謎」
徳川モデルを捨てきれない日本人

新生日本人の10カ条

国際政治学者
東京大学名誉教授
猪口 孝 著

西村書店

「日本政治の謎」徳川モデルを捨てきれない日本人——目次

3章　徳川時代の特徴　72

まえがき――徳川モデルを捨てきれない日本人

最近は空前の歴史ブームで、徳川時代に興味をもつ人が増えているようです。徳川治世下の江戸時代は、近代日本の礎といっても過言ではないのですが、現在の日本の閉塞状況を読み解くカギが、実はこの時代にあると私は考えています。

徳川時代の政策方針（本書では、これを「徳川モデル」と呼びます）には、いくつか特徴があります。詳しくは本文を参照していただくとして、ここでは現代とのつながりを説明するために、ひとつのキーワードを提示したいと思います。

それは「鎖国」です。鎖国政策をとったせいで、いまでも日本語以外の言葉は真剣に学ばない、学ばせないという暗黙の了解があるように思います。あまりにも機能しない仕組みを惰性で引きずっているために、ここまで国境がなくなったグローバル化時代にはすべてが非効率的で、解決策がないことを一生懸命に行うというおかしなことになっています。日本にいるかぎりは問題ないかもしれませんが、いったん国外に出ると、その問題はとても大きく、明確に感じられます。

現在、日本の英語能力は、世界ランキング一八〇位（一九三カ国中）だといいますから、情けなくなってしまいます。多くの日本人が、中学高校の最低六年間は、英語を学んできたはずなのに、まったく使いこなせていない人がほとんどです。

私はアジア諸国で教鞭をとったこともあり、現在も国際的な学会に出席する機会が多いのですが、平均的にみると他国に比べてあまりにも日本人の自己表現力、自己主張力はお粗末だとの印象はぬぐえません。私自身についてさえも、そう感じるのです。経済や技術の展開は、今後ますます地球規模でなされてゆくでしょう。その際に、いまや世界の共通語といえる英語を使いこなせなくては、競争に打ち勝つどころか、同じ土俵に上がることさえできないのです。

日本では、生命線を握る組織のエリートでさえ英語を敬遠している現在のような状況が続くかぎり、国外に出れば普通語も知らない野蛮人として敬して遠ざけられるのがオチです。多国間交渉の場では終始蚊帳の外におかれ、すべてが寝耳に水となりかねません。英語は森羅万象について、最も広く、最も鋭く、最も深くカバーする言語です。

英語の特徴はそれだけではありません。英語にかぎったことではありませんが、それを使う人の文明、思考方法、行動などなど、言語はすべてを体現します。英語を物にすることなしに世界に伍していこうということ自体、笑止千万です。

また、日本社会だけに通ずることを大事にする傾向も、鎖国時代の遺産といえましょう。日本で大学を出たからといって、たとえば日本のライセンスでは外国で医院を開業できませんし、エンジニアにもなれません。その意味で、国境を越えたら何の役にも立たないのが、日本の大学教育ではないでしょうか。また、逆も同様で日本に留学しても日本で就職しないかぎり、故国ではたいして使い物にならないため、日本に来る留学生もなかなか増加しません。

現在、日本は移住外国人の就業を限定的にし、特別な技術やサービス、つまりプロフェッショナルの領域にかぎっています。今後も日本人のほとんどは英語無用論者、ないしは英語他人任せ論者のため、日本社会が強く必要とする高度なプロフェッショナル領域に外国人が大きく進出していくことでしょう。所得水準が高い外国人の流入は確実になっています。私が心配しているのはそのことではなく、日本人の大多数が幹部レベルでさえも英語他人任せが圧倒的なため、組織幹部に外国人が急速に進出し、上層部は外国人に牛耳られ、日本人大衆が黙々とそれに従うというゆがんだ階層構造が出現していることです。このようなゆがんだ階層化を防ぐには、世界語たる英語を駆使するように自己変革を遂行することが必須なのです。

まずは中央官庁から始めましょう。英語を苦にせずしっかり読み書きができるキャリア・コースの官僚を毎年二〇〇人、五年計画で採用していき、公務員試験の必須条件として「英語の読み書きは基本的に不自由なし」を付けるべきです。その証拠をＴＯＥＦＬ（外国語としての英語能力）の得点をもって示さなければ受験要件を満たしていないとすることです。企業でも同じようなことを推奨します。英語の読み書きとは、英語で仕事をやり遂げる能力という意味です。何ごとかを達成し、何ごとかを解決する、その能力の基本です。

グローバル化の深化する中、政府や企業のエリート幹部は外国の相手とやり合うことが頻繁になってきます。直接投資、技術協力、自由貿易、外交交渉、安全保障協力、政府開発援助など、多くの接点が生まれるに伴ってトップが果たす役割が大きくなり、事務方委任の比重が低下していきます。それだけ不確定要素が地球上で高まり、仕事の企画遂行の迅速性が高まり、トップが自ら道を切り開くことが必要になるのです。サッカーでいえば、エースが一人でもボールを保持しつつ、一気にゴールにぶち込むことが強く期待されるのです。ボトム・アップで上げていき、トップは下から上がってくるものを最後に追認するだけの現行の仕組みは崩れていくでしょう。今後、下から上がってくるべきは、停滞と衰退の趨勢を食い止め、再生と復活を新たに可能にする企画力と突破力をもつ実行チームです。

日本史をみるとわかりますが、これまでも日本人は変革期には勇気と新機軸を出してきました。「大化の改新」や「明治維新」がいい例です。その中間に「安土の新生」があってもよさそうでしたが、本能寺の変において信長が自刃したせいで頓挫してしまいました。その代わりに徳川モデルができ、もう五世紀近くそのモデルを使ってきたといってよいでしょう。そろそろ綻びが眼につき始めたとしても、何の不思議もありません。

安土桃山時代が大航海時代に対峙したものだとすれば、この平成時代、日本は大地球時代に対峙しているといえます。大航海時代は、ヨーロッパ人が欧亜大陸の片隅を抜け出して世界に乗り出した時代で、織田信長はその大きな流れに乗ろうとしました。今日の大地球時代は、地球大で物事を考えなくては意味のない時代です。「日本は日本、何といわれようとやり慣れたことしかやらないし、できません」では、すまされない時代なのです。敵の妨害をひとつひとつ切り崩しても、少子高齢化社会で人生のたそがれに悩み、苦しむ人が大多数というのでは困るのです。変革期における日本の伝統は、革新にあります。これまでも、日本は地球上の大きな変化にしっかりと適応することによってここまできました。地球寒冷の時代でもドングリやシジミを採集し生き長らえてきた前古代日本人は、無資源を物ともせず、頭脳を使って、世界有数の経済、技術、文化を誇る現代日本人にまで発展してきたのです。大地球時代に正面から対峙すること、これが我々日本人に突きつけられた喫緊の課題です。欧亜大陸の東の沖合、太平洋の西の周辺に位置しながら、ここまで発展してきた日本人にできないわけはありません。そのような強い思いが、本書を上梓する所以となりました。徳川モデルの問題点を明らかにし、新生日本人に必要な条件などを、皆様と一緒に考えていければ幸いです。

猪口　孝

1章　欧米からみた日本政治の謎

日本政治と欧米政治との違い

私は、政治理論や日本政治を中心に何十年も物事を考えてきましたが、その中で最も悩ましい問題のひとつが、日本政治はなぜ遠心的なのか、なぜ細分化されたままなのか、なぜ分裂的なのか、ということです。

日本政治は欧米の教科書によると、現実とはまったく逆に記述されています。つまり、日本政治は求心的で全員一致を求め、中央集権的で権威主義的で、官僚主義的であるというのです。確かに第二次世界大戦後、民主化されたとはいえ、このような日本政治の特徴についての認識の「食い違い」は大きくは変わっていません。

アメリカが民主化をもたらした

実際、アメリカの政治エリートの中には、日本政治は、それまでバラバラだった仕組みが明治維新によって中央集権化され、官僚機構が前面に出てきたという人がいます。第二次世界大戦後は、アメリカが占領したために民主化されたというように考えられているのです。しかし、欧米に起源のある政治理論が理想としているような政治にはなっていません。

欧米に起源のある政治理論のひとつの大きな特徴は、国家、とりわけ民主主義国家は、市民の意見を政府が民主的に集約して、国家の意思として表明するというものです。民主主義国家でなくとも、たとえば絶対主義国家では、国家の意思表明は国王が軸になって行ってきています。

どちらであっても、国家の意思は最高部の指導者によって統一的に、正当性をもって示されることになっています。

政治とキリスト教の関係

国家・国民の意思表明者は首相だけではない

日本政治においても、国家の意思は最高部の指導者によって統一的に、正当性をもって示されると教科書には確かに記述されています。しかし、現実はまったく違います。

つまり、首相は必ずしも国家・国民の統一意思の最高表明者ではないということです。国家・国民の意思の表明者が、政府の最高のレベルにおいて複数いるのです。

　ここで私は、だから日本政治はおかしいとか、未熟だとかいうわけではありません。実は、欧米の政治理論は欧米の政治においても、必ずしもいつも実現されているわけではないのです。

　とはいえ、欧米の政治理論では、ただ一点においては確実なことがあります。それは欧米の古代、中世からのキリスト教の発展と、近代における国家生成の性格に関連することです。

　周知のように、中世の西欧ではカトリック教会が絶対的な権力を振るっていました。聖なる世界でも、世俗的な世界でも全影響力を行使していました。

　ところが世俗的な世界の頂点に立とうとあがいていた国王が時にはカトリ

ック教会に屈辱的な扱いを受けるまでに、その関係がねじれてしまったことがありました。しかし、国王を中心とする近代国家がその後成長し、世俗的な世界が、聖なる世界から次第に分離する方向に進展していったのです。

実在論と名目論

そこで影響力をもったのが神学論争でした。神は実在するのか、という問いに対して、実在論と名目論が対立しました。

実在論は、神は実在するとしましたが、名目論は、神は概念化されるかぎりにおいて存在するとしました。神という概念があるから神があり、国家を国家と想像するから国家はあるという論法です。最も有名な論者はウィリアム・オッカムです。この名目論によって神学と切り離され、科学が芽生えたともいえるのです。

人民の、人民による、人民のための政府

芸術におけるルネサンス、宗教における改革を経ながら、聖なる世界と世俗的な世界の分離は、長い歳月をかけて着実に進展していきました。

とりわけ宗教改革では、聖なる世界が絶対的な神を保持すると同様に、世俗的な世界も絶対的な権力をもつ国王を頂くべきであるという議論が次第に強くなっていきました。そのひとつの力強い議論が、トマス・ホッブスの絶対王政擁護論です。

神の絶対性が非常に深く受け入れられていたために、世俗的世界で絶対的な王権を樹立することに対する議論は、比較的容易に受け入れられていったのです。

そのような流れのなかで改めて注目されたのは、宗教改革の先駆者の一人であるジョン・ウィクリフの「聖書は人民の、人民による、人民のための政府という考えを是認している」という主張でした。

しかも、ここでいう「人民の」とは、人民の所有する政府というのでは必ずしもなく、「政府は人民に由来するものなり」というほどの意味で、あくまでも、聖書が認めたということに重きをおいていたのです。いわば、上から下への方向ですべて考えられていたのです。

大統領演説の下敷き

しかし、世俗化が次第に進展するうちに、「政府は人民の、人民による、人民のためのもの」という規定が聖書とは切り離されて主流になっていったことです。

さらに重要なことは、このような考えが、ジョン・ロックなどによっていつの間にか、上から下へ考えるのではなく、下から上に考えるように変えられていきます。

世俗的な世界は下から上へと概念化されたのです。とりわけウィクリフの言葉が聖書から一人歩きし、アブラハム・リンカーン大統領のゲティスバーグ演説やバラク・オバマ大統領の就任演説などで繰り返されるうちに、誰もがこの句を民主主義の基本的な表現と疑わなくなったのです。

しかし、西欧世界では、国家主権がカトリック教会の至上主権と並んでつくられたものであるために、絶対王政であろうが、民主政府であろうが、国家の上に立つものには絶対的権力が想定されているとしました。それは国王でも首相でも大統領でも同じでした。

絶対的権力を想定するということは、絶対的権力者の下にある者は、ちょうどカトリック教会の秩序のように、それが想定している階層秩序に調和するように振る舞うようになります。

絶対的権力が下から上へと生成されるものであっても、権力掌握後、絶対的権力は主権者の代行を演技するのです。たとえ、現実の政治はドロドロした複雑怪奇で自己矛盾だらけのものであっても、すっきりとした、体系だった秩序があるかのように、憲法や法律をつくっていったのです。

自分流に国家主権を考える欧米

欧米の政治理論に対して、日本政治は絶対者を想定していません。織田信長以降、絶対的権力者の野望は実現されていないからです。聖なる世界からのアナロジー（類推）を援用することもなかったのです。

聖なる世界においても、カトリック教会のような秩序を想定できるだけの力をもつ者は皆無でした。無定形権力といったら誇張しすぎですが、自分流に国家主権を考えている欧米の眼からみると、摩訶不思議な感じを与えます。

それでは日本政治が唯一無二かというと、欧米の政治も摩訶不思議なところを多く保持しています。しかし、日本政治と根本的に違うのは、欧米の政治はキリスト教世界の秩序に類似してつくられた、世俗的な世界における主権を想定していることなのです。

昭和から現在へ

一九四五年以後の日本における政治の展開は、次の四つに分けて考えると理解しやすいと思います。

一　占領・復興期（一九四五～六〇）

二　高度成長期（一九六〇～八五）

三　グローバル化の加速期（一九八五～二〇〇六）

四　現在（二〇〇六～）

この中で、占領・復興期である第一期の政治的な優先課題は、その後「吉田ドクトリン」と呼ばれるように、政治方針の基礎を築きあげることにありました。

このドクトリンは、平和主義を旨として、戦争への日本の参加を放棄するものでした。連合国軍による占領の軍事的側面を存続させることを目的として日米安全保障条約が締結され、日本は安全保障の面でアメリカに大幅に依拠し続けることになりました。

また、経済成長を強く打ち出した吉田ドクトリンは、国際社会で高く評価されるポジションに日本を押し上げるための復興に向けた取り組みを重視したものでした。

吉田ドクトリンは鎖国のようなもの

第二次大戦後に外務大臣となった吉田茂は、後に日本自由党総裁になって内閣をつくります。長い間首相の座につきますが、この間、サンフランシスコ平和条約・日米安全保障条約を締結するなど、アメリカとの政治路線を方向づけました。

吉田茂は、冷戦構造の中で軍事的に日本が何かをすることは無理だと判断し、経済に重点をおいて日本の進む道を定めました。日本の復興、そして経済発展を実現するために、できるだけ軽武装、つまり軍事費にあまりお金をかけない方針をとったのです。この吉田の考え方を「吉田ドクトリン」といいます。

日本の安全をアメリカに依存し、経済成長に専念する国家戦略をとったわけです。安全保障に関していえば、アメリカは頼りがいのない日本の動きを抑えることにより、日本を守るということにしました。日本は海で囲まれているために、人の移動さえ止めれば、どうにか国を守れると思っていたのです。

国家主導の保護主義

戦争で産業は壊滅的な打撃を受けましたから、経済復興のために、自由主義をうたいましたが、実際は国家主導の保護主義だったのではなかったかと思います。

当時、日本の一人当たりのGNP（国民総生産）はフィリピンより下でした。アジアの中でも最低レベルだったのです。そのため、国内の経済を保護し、外国製品を輸入禁止にしたのです。

この結果、国内の産業は保護されましたが、海外技術が入ってこなくなり、技術力が大きく伸びなかったことは否定できません。

一九七〇年、私ははじめてアメリカの大学に留学したのですが、当時は一ドルが三六〇円でした。外貨もち出しも制限があり、何よりもビザがなかなか下りませんでした。受け入れ先の決まっている留学でさえそうですから、一般人が渡航許可をとるのは容易なことではありませんでした。そのうえ、円安だったため、大金持ちでないかぎり海外に行くことは不可能でした。

その結果どうなったかというと、もともと下手な英語がさらに下手になってしまったのです。誰が英語を下手になるような教育をしたのかといえば、日本政府ですし、それを支持してきたのは日本国民です。日本語だけで教育をしようとしていたのですから、当然といえましょう。その政策は長い間、時代の要請に応えたものであったこともたしかだと思います。

戦後から七〇年代までは「疑似鎖国」

徳川時代も、わずかひと握りの人しか外国語を話す人はいなかったでしょう。オランダ語、英語に至ってはもっと少なかったはずです。その時代に比べれば、戦後になり英語を話せたり、読めたりする人が増えましたが、戦後もそんなに盛んにならなかったのは、外国への門戸が誰にでも開かれていたわけではなかったからでしょう。

その意味で、戦後から一九七〇年代までは「疑似鎖国状態だった」といいたいのです。

リンゴが一二〇年保護された理由

吉田ドクトリンが徳川時代の鎖国に匹敵しているという例を、もうひとつ示しましょう。アメリカに守られるという日米安全保障条約が締結されて以来、日本は危険な思想を入れない、危険な人を入国させないという方針をとりました。危険な思想とは、たとえば、まったく教科書どおりの自由貿易論などです。

自由貿易といいながらも、規制も厳しいものがありました。

リンゴを例にとってみましょう。一八七〇年代に「ボーイズ・ビー・アンビシャス（少年よ、大志を抱け）」で有名なアメリカのクラーク博士により、北海道の札幌農学校にリンゴの苗木が持ち込まれました。アメリカのオレゴン州やワシントン州の、小さくて実がしまった山リンゴのようなものが日本にもたらされたのです。外国ではそのリンゴでジャムやアップルパイをつくったり、まるかじりをしますが、外国のリンゴは日本人の嗜好には合いませんでした。

国産リンゴは国内のみで消費され、長い間アメリカに輸出されませんでした。輸入に関しても一九九三年までアメリカ産リンゴの輸入は解禁されませんでした。実に一二〇年余りもリンゴは国内で保護されていたのです。

日本人は、リンゴは日本が原産国のように思っていたのではないでしょうか。甘味を加えたり果実を大きくするなど、改良に改良を重ねて、色も赤、緑、黄色、種類も富士、王林、紅玉など多彩なリンゴができ上がりました。アメリカで売られているリンゴに負けないというお墨つきをもらって、やっとアメリカへ輸出します。外国のリンゴの輸入に関しても、余裕が出てきたので一〇〇余年ぶりでなされることになったのです。

リンゴ栽培の歴史を読み、日本人のモノに対する執着をみたように思いました。

純血主義

国産リンゴにこだわった日本人ですが、現在は日本ほど世界のあらゆる国の料理が食べられる国はありません。食べる物にはこだわらず、また宗教にもあまりこだわりがないように見受けられます。唯一、人種にはこだわっているようですが、純血主義で外国人に冷たいのは、徳川時代の鎖国がそのまま続いているかのようです。

徳川時代は戸籍がなかったので、海外から漂流した人が住み着いてしまうこともありました。戸籍ができると、とたんに外国人の受け入れが厳しくなりました。国際化時代に純血主義はいつまで続くのでしょうか。

信長が描いた日本の姿とは？

戦国武将の一番人気は、なんといっても信長でしょう。

政治は政《まつりごと》とされ、帝《みかど》は国内をいかに安泰に治めるかに注力されていました。信長は天皇の地位を利用しつつも、「自分が国を治める」という強い意志をもっていました。「本能寺の変」が起きず、信長が生きていたら、日本はどうなっていたでしょうか。

信長は、近代日本の基礎を確実につくった人でした。基礎というより、きっかけといったほうがいいかもしれません。

現在はグローバルに物事を見つめないと、正しい判断ができない時代になりました。空を飛ぶ鳥の気分で日本を見てみると、何かちんまりしているような気がします。

なぜちんまりしてしまったのか、その大きな原因は「徳川二六〇余年の歴史にあり」といえるでしょう。大きな争いもなく「平和な日々」が続きましたが、鎖国で海外と交易がなかったために日本は置いてきぼりをくってしまいました。

歴史の分岐点

今日の日本を形づくった分岐点は、明治維新と第二次世界大戦というのが日本の教科書の教えるところです。しかし、私には異論があります。人口と技術をより根底的な変数としてみると、そのような短期的な見方では説明がつかないからです。

日本の近代史の出発点は、本能寺の変による絶対王政の頓挫と、中世的要素を大きく温存しながらの徳川モデルによる近世の熟成にあると私は考えています。徳川モデルは実によくできたモデルで、だからこそ徳川二五〇年を超え、明治維新や第二次世界大戦敗北を経てなお生き長らえました。しかし、大地球時代に入るや、その綻びは明らかになり始めました。

翻ってみれば、安土桃山時代、つまり大航海時代、グローバル化が海を軸に大きく展開した時代から、五世紀が経ちます。現在の全地球規模のグローバル化を考えると、織田信長の対応法は参考になるかもしれません。次章で詳しく見ていきましょう。

2章　信長、そしてエリザベス女王の時代

日本とイングランドの関係

織田信長（一五三四〜一五八二）が歴史の舞台に登場したのと同じ時期、すなわち一六世紀の世界を眺めておきたいと思います。世界の列強国のひとつ、大英帝国も時代の寵児エリザベス女王が登場し、新たな時代の扉を開いていました。

日本人には親しみやすいイギリスですが、日本とは思わぬ共通点がありまず。というのは、両国とも気候が温暖で大陸からは少し離れているため防衛

には有利なうえ、新しい文化を吸収しやすいのです。

イングランドの絶対王政時代

ヘンリー八世

エリザベス一世（一五三三〜一六〇三）は、イングランドおよびアイルランドの女王で、テューダー朝最後の女王として慕われました。

エリザベス女王の父親は、ヘンリー八世です。ヘンリー八世は、一番目の王妃キャサリン・オブ・アラゴンとの離婚をローマ法王に要請しましたが、許可が出ませんでした。

そこで、ヘンリー八世は、二番目の妻と結婚したいためにローマ教会（カトリック）からイギリスの教会を離脱させます。これは、イギリスをローマの権力から離脱させることでもありました。そして、イングランドは「独立した国家」であることを宣言して、イングランド国教会（プロテスタントを軸としている）を創り、国王自らがそのトップに立ちます。そして、二番目の妻のアン・ブーリンと結婚し、生まれたのがエリザベス女王です。

やがて、国王は妻であるアン・ブーリンも反逆罪で斬首刑にしてしまいます。ヘンリー八世は側近らを次々と処刑していますが、エリザベス女王の実母も殺してしまったわけです。ヘンリー八世はその後も結婚、離婚を繰り返し、結局六人の女性と結婚して生涯を終えます。

ちなみにヘンリー八世はイングランドではもちろんですが、アメリカでも最もよく知られているイングランド国王です。もう一人よく知られているのは、アメリカ合衆国独立時（一七七六）の国王、ジョージ三世（一七三八

〜一八二〇）です。

次の王位は三番目の妻の子、エドワード六世が継ぎますが、病弱だったために若くして亡くなりました。

メアリー一世

次は、ヘンリー八世の最初の妻の子、メアリー一世（一五一六〜一五五八）が王位を継ぎました。

メアリー一世はカトリックの信者であったために、ローマと縁を切ったイングランドを再びその勢力下に戻そうと、それに反対する人を次々に殺していきます。そのため、「血まみれのメアリー（ブラッディ・メアリー）」という恐ろしいあだながついてしまいます。

話は横にそれますが、「ブラッディ・メアリー」と聞いて、「あれ？　そんな名前のカクテルがあるのではないかしら」と思われる方もいると思います。そう、その真っ赤な色が血を連想させるところから名づけられたのが、ウオッカベースのブラッディ・メアリーです。ウオッカにトマトジュースを混ぜ、レモンのカットを添え、好みでタバスコやウスターソースを一滴入れるカクテルです。トマトジュース味ですから、飲みやすいポピュラーなカクテルですが、その背景にあるイングランドの歴史にはすさまじいものがあります。

エリザベス女王と絶対王政

メアリー一世の後に王位を継いだのがエリザベス一世で、一五五八年、二五歳で女王として即位します。女王は、国をまとめるためには絶対王政が一番だということを信じて疑いませんでした。そしてヘンリー八世の「国王至上法」を再発令します。これは、国王がすべてに優先するということです。さらにイングランド国教会を国家の主柱として位置づけました。当時、国内にはカトリック教徒がたくさんいて、プロテスタントと絶えず争っていました。プロテスタントであるエリザベス女王はその争いをやめさせて、王位によって宗教を一本化し、イングランド国教会をつくるのが一番だと考えたのです。国教会のトップは国王だという法律をつくり、国家の長であり、教会の長である女王になったのです。

近代の民主主義へ

国内的には、カトリック教徒を抑圧し続けましたが、表面的にイングランド国教会に一本化したので、宗教的な争いは鎮静化されます。

絶対王政とは、王が絶対的な権力を行使する政治の形態を指します。絶対王政は王権神授説に依拠し、一神教であるキリスト教の権威体系に基づきます。国王による支配権は国王の先祖が神より授けられたものなので、国王が失政を行った場合もその責任を問われないというものです。当時、イングランドでは、とりわけカトリックとプロテスタントの対立が激しく、ローマ教皇の介入を防ぐために、カトリックとプロテスタントの権威を一国単位で統一したのです。

さらに、王権は神より授かったものという〝絶対王政〟の理論に代えて、市民が契約によって主権をその代表に与えるというように、その後長い時間をかけて組み換えられていきます。そして、これが近代ヨーロッパの代表的民主主義の発展につながるわけです。

海を制するものは世界を制する

当時は、世界の中心だったオスマン帝国が、スペイン帝国と争いを繰り広げていた時代で、ついにはスペイン帝国が地中海の交易を一手に担うようになっていました。イングランドは、まだ小国であったため大西洋の交易には力がありませんでした。しかし、スペインやポルトガルが大西洋で盛んに交易を重ねているのを、いつまでも横目で見ているわけにはいきません。

掠奪許可とバイキング

何としても、スペインを打倒したかったエリザベス女王は、スペインとの友好を進めるかのようにみせかけて、私掠《しりゃく》船に掠奪許可を与え、植民地から帰途途中のスペイン船を奪うようなこともしました。海軍というと聞こえはいいのですが、ことばを変えれば海賊の寄せ集めみたいなものだったのです。

一五八八年にスペインの無敵艦隊がイギリスの船をこらしめに行って「英西戦争」が勃発しますが、イングランドの海賊上がりのドレーク提督らはアルマダ海でスペインの艦隊を沈没させて大勝利を治めます。

これ以後、スペインに代わりイングランドが世界貿易を手中におさめるようになり、世界最強の大貿易国家となり、「海の王国」となるのです。

一六〇〇年には東インド会社をつくり、交易にも力を入れます。

近代イギリスの礎

このように、イングランド王室が強い力をつけたのも、海運の国といわれる礎を築いたのも、強いリーダーシップのあったエリザベス女王のおかげです。

近代イギリスの基本をつくったのはまぎれもなく、エリザベス女王です。六九歳でこの世を去るまで、常にイングランド国民の信頼を得ていたエリザベス一世の肖像画には、シワを描かないように命じられていたため、いつまでも若く美しい女王の印象が保たれています。一生独身を通すことで、国外の王と結婚して属国となるなどの可能性を封じました。実際に未婚だったかどうかはわかりませんが、史実では「私は国民と結婚しました」と公言していました。

独身のエリザベス女王は、カトリック教徒にとって「聖母」のイメージを与えていたようです。このことは、宗教対立を緩和するのに役立ちました。この聖母崇拝はラテンヨーロッパとラテンアメリカでは、いまだに根強く残っています。

偶像崇拝禁止のキリスト教ですが、イエス・キリストを生んだ聖母という考えがヨーロッパ原住民（ケルト族）の宗教的なものと調和合体したのかもしれません。

エリザベス女王の同時代者として、劇作家ウィリアム・シェイクスピアや、哲学者トマス・ホッブスが活躍していたことは、この時代の創世の活気を象徴するものでしょう。エリザベス女王とともに、イングランドの礎をつくったのです。英語自体、この時期に確立したといわれます。そのため、二一世紀初頭、シェイクスピアやホッブスを読んでもスラスラ読めるのです。

日本の夜明け

古来日本は、海外からは「東のあぶく」と呼ばれていました。イギリスがエリザベス女王によって近代国家の礎を築いたころも、野蛮な人が住んでいる国と思われていました。日本という国名は、中国から見て「太陽が上ってくる東の果ての国」という意味です。世界最辺境にあるあぶくのような島からなる国というわけです。朝鮮が「朝の光が鮮やかなり」という国名であり、越南《ベトナム》が「中国を南に越えたところの国」というのと同じようにつくられた名称です。

戦国時代の申し子信長登場

日本では戦国時代までは、世を治めるのは天皇家を中心とした血筋とその周辺以外には認められませんでした。戦国時代に入ってやっと、武将が実力で領地を獲得し、勢力を伸ばしていくことが可能な時代になりました。「七人の侍」の時代です。

そんな時代に登場したのが織田信長です。私は、日本の夜明けはこの織田信長がつくったと考えています。歴史の教科書では、日本のあけぼのとして卑弥呼や聖徳太子を取り上げることが多いのですが、近代の日本の礎とするには、資料が少なく曖昧模糊として、よくわかりません。

日本史の中で一番輝いている時代といえば、何といっても戦国時代です。一五世紀の日本は、国盗りの大きなエネルギーが渦巻く時代でした。いままでの社会秩序を壊して新しい基盤ができ、またそれが壊される。新しい基盤がつくられ、壊される。そんな時代でした。

実力の時代

戦国時代は、実力と運がものをいう時代でもあり、日本という国を治めようとする武将が群雄割拠している勢いのある時代でした。実力の時代ですから、力のある名将がたくさん出現しました。私はその中で、織田信長に注目します。この時代は、目を海外に転じると、大スペイン帝国が強大な力を発揮していました。西欧諸国では国が占領されたり、占領したりした混乱期です。その中で、世界の覇者となるべく大きく動きだしたのが大英帝国です。王位をめぐってややこしい問題が起こっていたイングランドですが、エリザベス一世の出現で、近代イギリスの基盤が整えられたことはお話ししたとおりです。

そして、信長とエリザベス女王には、共通する点が多々あることがわかります。

まず何をおいても、国内の対抗勢力を制圧したことです。信長は他の戦国大名や武装、仏教勢力、商人交易共和国を次から次へと壊滅させていきました。またエリザベス女王は、国内の争い元であるカトリック派と非カトリック派の対立を抑えることを最大課題とし、世俗世界の主権者が聖的世界の主権者を兼ねるヘンリー八世の思い描いたイングランド国教会の強化を推進しました。

第二に、欧亜大陸的はずれの辺境孤島国家を、世界の潮流のただなかにおいたことです。そして交易を盛んにし、科学技術の導入、産学の振興へと導きました。第三に、ハイリスク、ハイリターンの考えで、強いリーダーシップを振るったことです。

日本統一の夢

岐阜を居城とするころから、信長は「天下布武《ふぶ》」という印文を使い、日本統一の夢を現実にしていきます。一五六八年には、信長は足利義昭を一五代将軍に迎え、室町幕府をつくり、京都に入ります。

後日、信長が将軍に実権を与えるつもりはなかったことを知った義昭は、ひそかに諸大名に呼びかけて、反信長ののろしをあげます。信長は周りを敵に囲まれながらも、比叡山延暦寺を焼き討ちにします。そして、浅井・朝倉を討って義昭を京都から追放することに、五年もの歳月をかけました。ちなみに浅井長政は、信長の妹、お市の方と結婚していましたが、そのような血縁のあるなしは信長には何ら影響しなかったでしょう。

信長は、京都の丹波に城を構えていた一五八二年、毛利元就と戦う羽柴秀吉を助けるために、京都の本能寺に留まっていたところを、明智光秀に襲われて自害することになり、ついに全国統一をなし得ぬまま、その生涯を閉じます。

日本統一のための戦術

信長は絶対王政を標榜

信長は絶対王政を標榜していました。彼のイメージする絶対王政は天皇が強大な権力をもって中央集権化をはかり、信長と軍隊により国家を統一するというものでした。しかし、天皇はあくまでも飾りであり、実権を握るのは信長で、軍隊をしっかり保ち、土地をきちんと管理して、封建的な土地保有制を変えようとしました。

これは国土統一の新基軸といえるはずでした。信長はそれが果たせず、頓挫してしまいましたが、織田統一軍をつくるという意図は注目に値するものでした。

信長に対して、激昂しやすく、無慈悲、非凡であるなどのイメージをもつ人が多いでしょう。事実、失態を犯した者の処分は過酷を極めていました。油断すれば天下を取られてしまうという戦国時代ですから、致し方ないところもありますが、数々のエピソードをみるだけでも苛烈です。

過酷で過激、そして無神論者

たとえば、二条城築城の折、女性をからかっていた人足を一刀のもとに切り捨てたり、自分の留守中に城を抜け出して寺めぐりをしていた女房衆を、住職ともども皆殺しにしたりもしました。この時代は強さだけが頼りですから、圧倒的な強さを保つためには過激にならざるを得なかったのでしょう。

信長は無神論者であったため、宗教への恐れなどもありませんでした。比叡山延暦寺を焼き討ちにしたのは、仏罰を恐れなかったからでした。しかしこのとき、女、子どもだけは逃がすという、やさしい一面ももっていました。

信長の戦術をみると、非常に柔軟な戦略家だったことがわかります。慎重に計略を立てて、足掛け七年を費やして内戦をひとつひとつ勝ち抜いていくような緻密な作戦を粘り強く行いました。信長は先人から学ぶというより、前例のないような戦い方を好んで行いました。

実力本位で人を使う

織田信長の偉いところは、地下人《じげにん》や農民、町人をはじめ、野武士、浮浪人、泥棒など、当時の大名が部下としなかった人を使ったことです。そのため、侍社会には絶対聞こえてこない情報を得ることができたのです。身分に関係なく、実力次第で誰でも取り立て、自在に人を使ったのは、戦国大名でも信長がはじめてでした。実力の判定は、戦略、情報、諜報面からしていたと考えられます。

また、天下統一を進める一方で、交通の便をはかるため、街道や関所の二四時間フリーの通行権や関税の免除などを行ったので、人々の行動範囲が広がるようになります。

「交通の自由」「移動の自由」「航行の自由」は、ビジネスを活発にする最も重要な原理原則です。歴史的にみても、一三世紀のモンゴル帝国、一九世紀のイギリス帝国、二〇世紀、二一世紀のアメリカは、この原則を尊びました。そうであったからこそ、これらの帝国はグローバルに盛えたといえます。

しかし、関所の撤廃の仕方は一方的でした。鉄砲隊を動員して「以後は自分が守ってやる」といって、どんどん壊していくような強引さがあり、威嚇するように物事を進めたということです。

経済的な試み

経済面をみてみると、通用する銭の種類や交換率を定める撰銭《えりぜに》税を導入し、お金の流通をわかりやすくしました。通貨が広く安定的に使われることが産学の基本であることをよく知っていたかのようです。

商人たちの組合組織である「座」の制度から、楽市・楽座をつくり、自由に商工業が営めるようにしました。それまでの楽市・楽座はほとんど支配者の私利私欲が絡むこととして、ごく小規模に制限された形で行われていましたが、それを領国の政治、経済を一変させるように、徹底して行ったことが信長の特徴です。

その後に、農民たちの年貢を肩代わりするといって安土城下に住まわせ、そこに定住させて戦闘集団にしていきます。そして、いままでの地侍たちの土地を農民に開墾させて、開墾地を彼らに与えていきました。

信長のすばらしいところは、兵力動員計画が抜群にすぐれていることと、経済的基礎や政治的基礎がしっかりしていることでした。「長篠の戦い」では鉄砲三〇〇〇挺を調達しました。

職業軍人を組織

そして、兵農分離させたことで兵士には職業軍人となったことへの自覚が植えつけられ、それが強さの源になったようです。武田藩にしても、上杉藩にしても戦う主力は農民です。季節によっては稲刈りや田植えをしなければならないので、農民に戻ってしまいます。その点、四六時中戦争ができるように職業軍人を養成した信長はさすがでした。

織田信長は、武田軍に対しては織田信忠軍団、本願寺に対しては佐久間信盛軍団、中国方面には羽柴秀吉軍団、北陸方面には柴田勝家軍団を置くなどして、各地域を各軍団に任せました。

ヨーロッパで職業軍人が生まれたのは、三〇年戦争（一六一八～一六四八）からだといわれていますから、信長はそれより三〇年も早く組織だった戦いを考えていたということです。

このように、さまざまな軍団に責任をもたせて地域を守らせたので地域は強かったのですが、信長の直轄軍団がいなかったので、信長は本能寺で死ぬという、皮肉な結果にもなってしまいました。

信長の時代は自作農が、徳川時代は小作農が多かった

小説家の堺屋太一氏によると、信長が関所を撤廃してから一六〇三年に江戸幕府ができるまでに、日本全国の耕地面積は三倍に、人口は二倍に増えたということです。

信長の時代には、土地を開墾した者にはその農地を与えたために自作農が一番多く、後の徳川家康の時代になると、土地を所有する地主から農民が土地を借りて、小作料を払って作物をつくるようになり、小作農が多くなったということです。

信長が「惣（農民の組織）」に信用されていたのは、肩書きで人を見なかったからです。

鉄砲の製造に意欲

海外の科学技術のすばらしさ

信長は昔からの習慣に固執しませんでした。固執しないというより、革新性があったといえましょう。その一番いい例が、武器に鉄砲を用いたことです。この南蛮渡来の新兵器にいち早く目をつけ、誰よりも早くその威力を重視して大量に保有しました。

織田軍の「足軽鉄砲隊」は、無敵といわれた武田軍の「武田騎馬隊」を長篠の戦いで見事に討ち破っています。そのほか、長槍を開発したり、厚い鉄板で装甲した巨艦を製造するといった兵器開発を積極的に進め、戦術革命をもたらしました。

信長は、海外の科学技術のすばらしさを早くから理解していたので、ポルトガルなどからもたらされた新しい科学技術を駆使して、安土城などの絢爛豪華な城をつくってもいます。

関ヶ原の戦いでは兵隊二〇万人のうち、六万人が鉄砲を持っていたといわれています。種子島に鉄砲が伝えられてわずか六〇年後に、その鉄砲を模倣して国産品の量産化を行ったというのですから、驚きです。当時、堺では一日二〇挺くらい鉄砲をつくっていたのではないかといわれています。

世界一の鉄砲製造国、使用国だった日本

その当時のヨーロッパでは、フランスの軍隊が三〇〇〇挺を持っていましたが、それに比べても、日本は世界一の鉄砲製造国であり、輸出国であり、

使用国であったわけです。

金属、火薬の生産がこのように拡大したのは、信長にそれだけ大坂地域を制圧できる力があったからで、信長の合理主義、実力主義の結果が高度成長の原動力になりました。

農民の自立と職人たちの工業化

当時、農業においては農民の自立が進み始めた時代でした。工業においても、職人たちが自前の工業化を始めたのですから、農業、工業での自立が一七世紀初頭までの日本の社会の生産力を押し上げたといえるでしょう。道具の革命に促された諸生産の発展は、技術全般の発達を呼び起こしました。測量技術、用水開発、城郭を築くのにも測量技術が必要でした。

工業化が進んだのは一六世紀半ば、朝鮮より灰吹き精練技術が伝えられてからです。灰吹き法とは鉛から金銀を取り出す方法で、これにより日本での金銀の生産量が増えたといわれています。半世紀余りで、日本は有数の銀産出国になり、一七世紀のはじめ、世界全体の生産の三分の一ないし、四分の一を占めていました。大陸から進んだ精練技術が入り、定着した意味は大きいといえます。

しかし、結局は国を治めた徳川家康がすべてを手中に治めることになったのです。

工業技術の発達

信長がもう少し長生きしていたら、日本の方がヨーロッパより早く産業革命をしていただろうといわれているのもうなずけます。一五〇〇年代後半、当時の日本は工業技術が発達していましたし、金銀が桁外れに産出されていたゴールドラッシュ期であり、貿易が盛んに行われていた時代でした。

秀吉にチャンスを与えた信長

豊臣秀吉（一五三七～一五九八）は、はじめは木下藤吉郎として尾張の織田信長の草履取りとなり、羽柴秀吉と名前を変え、出世街道を駆け上っていったことはご存知のとおりです。信長という超合理主義者が主君でなかったら、秀吉の運命は変わっていただろうといわれます。信長は閥や血族というものを信用せず、才能の有無だけで人材を登用していきました。信長が秀吉に人生のチャンスを与えたのです。

秀吉は戦略家としてすぐれていました。天下統一に対してもっていたビジョンは、秀吉をして夢を現実にしました。

3章　徳川時代の特徴

江戸時代の出来事が現代に続く

近ごろ、日本の歴史が脚光を浴びることが多くなりました。書籍やテレビドラマでも歴史上の人物が頻繁に取り上げられ、日本各地の歴史をたどる旅などにも人気が集まっています。歴史再発見の静かな潮流がみてとれます。政治が混迷を極める今、グローバルな視点で日本を眺めたときに、江戸時代を掘り下げて考察する必要が出てきたように思います。

ひと言でいうと、徳川モデルは賞味期限を迎えたということを述べたいのです。徳川モデルは鎖国方針で、内生的発展を成し遂げました。二一世紀初頭の世界は、一七世紀初頭の世界とは似ていません。すべてが地球大で大きく移動、混合し、創造的なアイデアから天を驚かし地を動かすものをつくり、競い合う時代です。徳川モデルが当時の情勢に適合し、輝かしい二五〇年を築いたことは別の話です。しかも、その後の約一五〇年もそれを修正して生きてきたのです。四〇〇年も同じモデルを使い続ければ、無理が出てきて当然でしょう。

約一五〇年前に終わった江戸時代の出来事が現代に連綿と続いている事実を知ることが、歴史の面白さです。また、未来を見据えるときに歴史をひも解けば、同じような事例が現代の思わぬヒントになることもあるでしょう。

冷戦の終焉以来議論してきたのは、今日の日本をつくった大きな道標は、第一に種子島に漂流したポルトガル人による鉄砲の伝播、第二にプラザ合意による通貨貿易の爆発的な拡大と大地球時代の到来です。鉄砲の伝播は、当時の日本を世界一の鉄砲生産国、輸出国に押し上げました。

しかし、徳川が覇権を握ると、農業を含む物づくりを極端に精緻化し、内生的な発展を土台に今日の日本をつくり上げたのです。その間、ヨーロッパを中心に、軍事化、植民地主義、そして産業化が世界を席巻することになりました。

今日の、アメリカを軸とする通貨貿易と大地球時代の到来は、地球規模で物づくりを考えることを不可欠にしたために、徳川モデルが精査されることになったのです。二〇〇九年の日本では、自由民主党から民主党に政権交替が行われ、新しい政治の一ページが開かれました。これからの日本はどう変化するのか、私たちはどのような形で国づくりに参加したらいいのか、未来の歴史になるであろう「いま」をどうしたいのかを考える絶好の時代です。

「政治は難しい」、あるいは「歴史は嫌い」という人も、江戸時代を知ることで、現代に連なるキーワードを発見できるはずです。江戸時代は、昔のことではありますが、まったく想像しにくいほどの昔ではなく、人によっては徳川時代の末頃まで、自分の先祖をたどることのできる程度の昔です。

新しい価値観をつくった徳川幕府

一六〇三年徳川家康（一五四二〜一六一六）が征夷大将軍となり、江戸に幕府を開いてから、一八六七年第一五代将軍、徳川慶喜（一八三七〜一九一三）が大政奉還し、翌年に幕府が滅びるまで、徳川一族が治めた二六五年間を江戸時代といいます。

江戸時代が注目に値する理由は、ときにパックス・トクガワーナという用語が使われることがあるほど、平和が長続きしたことだけではありません。初期近代における連邦制と民主主義の伝統の種子を蒔き、この国にそうした伝統を根づかせたという点でも、徳川時代は注目に値するのです。

民主化

徳川幕府の施政方針に民主化があり、それには二つの構造条件が存在しました。

第一に、一六世紀末から一七世紀初期にかけて、幕府の政治的意図に基づいて転封《てんぽう》（国替え）が盛んに行われたため、多くの藩主とその配下の官吏が、他の土地から任じられてきました。つまり、エリートは多くの場合よそものだったのです。藩政府は、地元の農民に相対するよそものの政府でした。

そしてもうひとつは、徳川時代は基本的にゼロ成長経済だったために、藩は生産を増やし、支出を減らさざるを得ませんでした。そのため、いわゆる真面目にコツコツと取り組む勤勉革命を画策する必要がありました。ここに民主化のための素地が整ったのです。

藩の官吏は、合理的な範囲で農民から徴税しなければならなかったため、民と話をする必要がありました。民衆の声を聞くと、政治体制は民主化していきます。さらに、行政機構の規模が基本的に小さかったことを考えれば、非武士階級の上層に位置する豪商と富農を行政機構の末端に取り込む必要もありました。つまり、藩の官吏は藩内非武士階級との協同関係を構築しなければならなかったのです。税金徴収の必要性が、民主化をますます推進したといえます。

この時代に書かれた書物の中に、民主主義的思想の萌芽をはらんでいると思われる哲学的文章が少なからず見られるのは、意外なことではありません。

たとえば、『山鹿語類』には、このような意味の文章があります。

「君主の最高権力は天下万民に由来するものであるから、君主はその地位を自分自身のためのものと考えて振る舞ってはならない。民が集まって君主がたてられ、君主がたって国が成立するものだから、国の本は民である」

意思決定を行う統治機構の上層部でも民主化が始まっていました。もともと軍人であった武士が城下に居住するようになったからです。「彼らは名誉型集団主義を育んだ」と社会学者の池上英子氏はいいます。

これは中世において武士の精神を形づくった道徳的規範である名誉型個人主義とは区別されます。藩の官吏たちは、藩の名誉を集団として担い、それにふさわしい振る舞いをしました。

また、意思決定は上級官吏（家老）の合議により行われました。したがって藩主が集団の意思決定から著しく外れる行動をとった場合、慣例として家老たちが藩主を城内の狭い場所（座敷き牢）に押し込め、その政治参加を阻むということが行われました。ですから、絶対主義は生まれなかったのです。むしろ、原始民主主義的な手法が各藩においてみられたのです。

日本政治の起源は徳川幕藩体制

日本の近世は一般的に、織田信長が政権をとった一五六八年から、徳川慶喜が大政奉還をした一八六七年までの約三〇〇年といわれています。

近世において、日本政治の起源を考えてみると、それは徳川幕藩体制であると思います。幕府のあり方、各藩のあり方、外国との付き合い方、文化などどれをみても今日の日本政治体制の起源は徳川時代につくられています。政治の基盤ができ、平和が続いたこの時代を、とくに徳川による平和体制（パックス・トクガワーナ）と呼んでいます。パックスとはラテン語で平和を意味し、英語のPeace《ピース》の語源ともいわれます。

日本の歴史や政治を考えるときは、内側からだけでなく、グローバルな視点から日本を眺める必要があります。近世における日本と西欧の接触は、一般的には種子島にポルトガル人が漂流して鉄砲を伝来したことが最初といわれています。また、その六年後にはフランシスコ・ザビエルが鹿児島に上陸してキリスト教を伝えました。

島国である日本の周り、東アジアの海では、中国の海商が活躍していました。欧州では各国が領土拡張のために戦いを繰り広げていました。世界中が移動期、変動期を迎え渾沌とした時代でした。この、近世の世界観を踏まえながら、徳川時代を解説していきます。

まず、徳川時代の基本柱は五つ。それが近代日本をつくる基礎となりました。どんなことがあったのか、徳川時代の遺産ともいうべき事柄を検証する

徳川モデルの5本柱	徳川時代	近代における徳川モデル	将来
対外関係	軽武装国家（鎖国）	吉田ドクトリンに相似	地球市民として責任を果たす地球国家に発展
政治行政	疑似連邦制（幕藩体制）	中央政権だが、最上層部で権力縦割りの体制に相似	上層部の力量強化と草の根への権限委譲
社会	拡大イエ社会（藩政）	文明としてのイエ社会が有機的指導力発揮	富裕層の拡大とグローバル化で特殊主義的社会資本から普遍主義的社会資本へと移行
経済	勤勉革命（隣百姓）	生涯雇用と平等賃金の会社を軸に産業革命	情報経済・知識経済への移行
文化	モノについては厳格に保守だが、考えについては柔軟	和魂洋才で西洋化を邁進	大義、原則を大事にしながら、臨機応変に活動

徳川時代の5つの基本柱

とともに、その体制にいつまでもしがみついていていいのかどうか、現状と課題を考えてみたいと思います。

徳川時代の五つの基本柱

私が徳川時代の特徴として考えているのは、以下のものです。

①対外関係は軽武装商人国家である
②政治行政は疑似連邦制
③社会組織は拡大イエ社会
④経済運営は隣百姓
⑤日本文化の原点をつくる

基本柱一「対外関係は軽武装商人国家」

徳川時代の第一の基本柱は、対外関係は軽武装商人国家（ロナルド・トビ）であるということです。織田信長がキリスト教を禁止しなかったのには、二つの理由がありました。それは、宗教心が高まると求心力が強まることと、外国の科学技術がもたらされることでした。これに対して家康は、宗教は幕府と異なった考え方をもつ人を増大させる危険性があるとして禁止の方針をとりました。徳川幕府がとった「鎖国」という制度は、対外交易の管理と対外紛争の抑制を機軸とする政策路線といってもよいものです。

対外交易を自由化すれば、それによって武器が輸入でき、藩によっては強大な軍事力をもちかねません。それは徳川権力の土台を崩しかねないのです

（ちなみに、一九世紀に倒幕勢力の中心となった長州藩と薩摩藩は、ともに武器輸入と武器援助の傾向が顕著でした）。

また、宗教の自由化が徳川幕府を揺るがしかねない権力になり、武装化された宗教権力の誕生につながるのを予防する目的もありました。

しかし同時に、日本をとりまく世界秩序との齟齬を極小にし、外国からもたらされる科学技術の恩恵は受けたいと考えました。そこで当時、幕府が独占管理していた長崎出島のほかに、松前藩にはアイヌとロシアを、対馬藩には朝鮮を、薩摩藩には琉球王国の管理を任せたのです。

対馬藩は朝鮮からみると、時に緊急人道支援を必要とした属領のような感じであり、徳川幕府からみると、日本国に通信使を送る朝貢国《ちょうこう》として朝鮮を位置づけたとき、都合のよい代理人のようなものでした。

薩摩藩は関ヶ原の戦いの直後、外国貿易で栄えていた琉球王国を軍事征服しながらも表向きは独立国として温存させ、明国に引き続き清国との朝貢貿易を継続させ、その幾分かを薩摩藩が徴収しました。

鎖国政策

徳川時代の特徴のひとつに、鎖国という施政方針を強化したことがあげられます。家康は、一六世紀末の大陸出兵に対する中国側の報復を懸念していましたが、その間に、中国では王朝が明から清に代わりました。

清朝は、満州国のほか、モンゴル族、ウイグル族、チベット族、漢族がこぞって支配層に加わり、中華帝国の支配は史上最大となりました。

ポルトガル人とスペイン人は、日本に入国して商取引を行ったり、布教活動をしたりすることを禁じられました。日本を植民地化するとあやしまれたからです。オランダと中国の商人だけが、徳川幕府が直接管理していた出島と呼ばれる小さな港の利用を認められました。

日本全体が外国との商取引を禁じられ、外国人は日本への入国を禁じられました。こうした鎖国政策により、外国からの軍事的、経済的、宗教的な脅威に対する警戒体制を敷くことになります。その体制の始まったばかりの一七世紀半ばに、島原半島でキリシタン一揆が起きた際には大虐殺が行われ、一九世紀半ばに国禁を犯して海外渡航を企てた吉田松陰ら数名の若者は処罰を受けました。

日本の周辺部に位置する諸藩は、立地上の理由から隣国に対処する必要があり、外交窓口としての役割を幕府から託されていました。

外国貿易は新たな軍事技術と経済的利得をもたらしましたが、これら二つが結びつくと、倒幕に利用されるおそれがありました。鎖国政策により、三〇〇余藩はそれぞれ藩内で政治的自治と経済的繁栄の実現を目指して努力せざるを得なくなりました。技術革新は緩やかでしたし、産学もほとんど農業でさしたる収入もないなかで、倒幕のための軍事支出はまず無理でした。

徳川時代以降の日本

戦後の吉田茂首相の基本概念

パックス・トクガワーナと吉田ドクトリンは非常に似ています。

二〇世紀は吉田ドクトリン（吉田政権の方針）が鍵となりますが、その政治概念の中身は、軽武装商人国家そのものであるといえます。できるだけ重武装にならないように、アメリカ以外の外国との接点を極小にしたのです。幸い、中国、ソ連、北朝鮮とは冷戦のために交流・交易ともに極小のままでした。アジア諸国をみても、まだ独立していない、あるいは独立まもない国が多数であったために、多くの日本人が願っていたにもかかわらず、アジアとの交流や交易は極小のままでした。

日本外交の三本柱は対米同盟、アジア近隣外交、国連中心主義であると、外交青書（外務省が出している白書）ではいうものの、後の二者は空疎、空虚に響いたのはそのせいなのです。

そのような理由で第二次世界大戦後しばらくの間、鎖国に近い状態を続けたのです。

昭和の鎖国

徳川時代には重武装にならないように、外国との交流や交易を極端に限定し、強く規制しましたが、第二次世界大戦後は、アメリカとの同盟によって重武装を免れることができました。

非武装ではなく、軽武装のままでした。これには重武装という見方もないではありませんが、周りの国家に比べると、少なくとも戦闘をすぐにできるような軍隊でないことは確かでした。同盟を結んではいますが、日本と肩を並べて戦闘に突入するようなことは考えにくい現状であるかぎり、軽武装でよかったのです。アメリカ国防総省元高官もいっているように、日本政府は現在でも日米共同作戦能力を自衛隊に強く実現させようとはしていません。

日本をして地球規模で肩を並べて活動したいと、アメリカがいくら希望しても、日本人の多数はいろいろ「値引き」をします。たとえば、小切手を切るだけで勘弁してもらったり（湾岸戦争）、アメリカが勝利宣言してから自衛隊をイラクに派遣したり（イラク戦争）、インド洋からアフガニスタンで戦うアメリカ軍に給油する（アフガン戦争）などです。

アメリカ一辺倒の是正へ

そのうち、日本が唯々諾々の印象を与え続けていることにアメリカが悪のりしているのではないかと日本は思い、時に舵を大きく切るかのような動きをします。

民主党の鳩山由紀夫前内閣の閣僚がてんでばらばらの方向を示すことによって、その印象をさらに強めました。さらに、アメリカ一辺倒から中国一辺倒になるかのように刺激的な言動を重ねました。小沢一郎幹事長を筆頭にした一行六〇〇人の二〇〇九年一二月の北京訪問もそのうちのひとつでもあったのです。

鳩山由紀夫首相が辞任し、菅直人首相になって、表面的にはすぐさますべての矛をおさめるかのようなことになりました。

基本柱二「政治行政は疑似連邦制」

徳川時代の特徴の第二は、政治行政の特質は疑似連邦制であるということです。中央集権が強いというわりには、地方政府の自律度が大きく、地方分権というには中央政府の力が強い。さらに中央集権といっても、そもそも中央の最上層部で権力が縦割り体制になっています。

徳川幕府の政治は幕藩体制と呼ばれます。幕藩体制とは、全国を幕府領と大名領（藩）に分け、大名にその領地と農民を直接支配する権限を与えたシステムです。幕府（将軍）を頂点として、各大名が幕府の命に従いながら地方自治を行う、いわゆる地域連邦制です。

肝心な部分は幕府が掌握し、要注意藩や余力のありそうな藩には賦役を多く課しました。また、江戸にも大名屋敷をつくらせ、定期的に参勤交代を行わせることで、維持費や出費がかかるようにしたのです。

このような方針は、徳川幕府の最上部が然り、明治政府（およびその後の近代政府）の最上部が然りでした。幕府が各藩にさまざまな公共工事を分担させ、各藩の財政がそうでなくとも疲弊しがちなところに、さらに参勤交代などで窮乏させようとするのは、地方政府に負担分担を要求する今日の中央政府の行動と同じです。

徳川の疑似連邦制

徳川の施政方針は、疑似連邦制的な措置に近いものといえます。参勤交代や天下普請などで出費を強いられた藩は、当然疲弊してしまいます。そこで、財政のためにどのような施策を講じるようになったのでしょうか。

本州最北端の弘前藩は藩の財政が圧迫されないように、軍人兼官吏たる藩士の一部を農村部に移し、農耕に従事させるようにしました。弘前藩は藩政にかかわる藩士の数を削減することにより、藩の支出を大幅に減らしました。また、米沢藩は、漆製品で利益をあげるために、漆の植樹と精製に補助金を出しました。四国東部の徳島藩は、染色産業を興すとともに、瀬戸内海を挟んで対岸に位置する大坂（大阪）に特産品の阿波藍製品の市場を開拓する方針をとりました。徳島藩は大坂で巨大市場を切り開くことにより、藍染め製品に活路を求めた蚕業政策が大成功をおさめたのです。

道路、橋、港、関所といったインフラの全般的な整備は、おおむね徳川幕府の手にゆだねられました。しかし、こうしたインフラ整備以外の多くの事柄は各藩に任せられていました。各藩の財政政策は、農業経営の発展度の違いや人口構造の変化に応じて大きく異なっていました。

日本最長の河川である信濃川が領内を流れる長岡藩は、農業経営上の進歩から恩恵を受け、信濃川下流域で米を収穫できるようになりました。下流域は一七世紀まで、頻発する水害のせいで稲穂に虫がついて成長を妨げるため、米作には不適でした。しかし、治水技術の向上により新田開発が進み、下流域の広大な土地が水田に姿を変えると、下流域の人口が増大しました。一方、最南端に位置する薩摩藩では、全域に堆積している火山灰が悩みの種となっていました。薩摩藩は軍人兼官吏たる藩士を農村部に移し、農耕に従事させなければなりませんでした。またさらに南の海上にあった琉球王国を征服し、琉球と中国・東南アジアとの貿易による利益を搾取したのです。

このような例をあげたのは、各藩に藩政を切り盛りする自治権がどの程度付与されていたのかを明らかにするためです。

地方分権が推進されたのは、鎖国が行われていたからであり、今日、グローバル化が世界各国に多大な影響を与えているのとほぼ同じように、着実に形成されつつあった国家経済が各藩に多大な影響を与えていたからであり、滞っていたとはいえないまでも、基本的に技術革新のスピードがゆっくりしていたからだと思います。

徳川時代以降の日本

藩の生き残り策

明治維新で大きな転換が起こったというのは錯覚です。廃藩置県に伴い、各藩が競って各省庁に潜り込みました。武士階級は全員失業していましたが、読み書きができ統治の心構えがあるのは武士階級のみであるとして、当然のことのように政府のどこかに居場所を求めたのです。

どの省庁を目指すかは、ツテとコネに頼りました。それによって、当然各藩の「色彩」が、少なくとも初期には各省庁に反映されたのです。さらに重要なことは徳川時代に各藩がお互いに競い合ったように、明治以降も各省庁がお互いに競い合ったことです。

政治学者であり思想家の丸山真男氏が、明治憲法下での体制を無責任体制といったのも、ひとつにはこのような意地の張り合いと責任のなすり合いが内側に込められていたからでしょう。少し形は異なりますが、徳川モデルそのままです。

武士が官僚になる仕組み

近代日本の官僚制度の起源は、武士階級に求めることができます。つまり軍人政治であったことが、もうひとつの大きな特質といえます。中国や韓国の政治家の起源のように、中国で行われていた官吏登用試験である科挙に通った学者的な文官が官僚になったのとは大違いです。武士は学者というよりは、テクノクラート（技術者）、行政官とでもいえるかもしれません。

武士階級の子弟が主導した一九世紀の日本政治は、まさしく徳川政治の踏襲でした。武士階級の子弟は大挙して新しくできた官僚制度を埋めていきました。なぜならば、彼らは失業中ですし、読み書きがしっかりできたからです。一九二〇年代のしっかりとした調査では、中央省庁の官僚の半分以上は武士階級の子弟であることがわかっています。

第二次世界大戦後、階級的出自を明らかにする努力は、政治的に正しくないことになっているのでわかりにくいのですが、祖先が武士階級という人の多くが官僚になったはずです。

武士階級の特徴

武士階級の特徴はどのようなものでしょうか。

武士道の教えるところから割り出すと、第一は、統治階級としての矜持《きょうじ》でしょう。「武士は食わねど高楊枝」というとわかりやすいかもしれません。名誉と尊厳を大事にしていました。

第二に、忠誠です。これは拡大イエ社会では、個人に対してではなく、組織に対する忠誠となります。ちょうど、創業所有者に対してというより、企業組織に対する忠勤が重要となる企業戦士の場合と同じです。

第三は、集団主義です。戦国時代には、武士とは個人主義であったものが、徳川時代には徹底的な集団主義に変わったのです。戦場では個人の戦闘力と胆力がものをいいましたが、平和が続き武装解除され、毎日、儀礼と会議があるようなところでは、組織の集団主義が大きく成長していきます。これらは明治時代になっても、第二次世界大戦後でも大きくは変わらず、しっかりと継承されているようにみえます。

第四は、限定的な文明的素養です。粗野粗暴ではありませんが、高度に文明化されているとはいいにくい何かがあったようです。中国などでは古典文学から気のきいた文言を引用するようなことは指導的な立場の政治家には珍しくありませんが、日本の政治家はそれほど古典の素養に恵まれているとはいえないようです。たとえば、二〇〇九年、中国の国家主席胡錦涛が、アメリカ大統領バラク・オバマに伝えた別れの言葉は李白の詩の一部であり、それに続く引用しなかった部分を読むと、はじめて中国指導者の本心がわかるようになっています。李白が頭に入っていなければ、相手の心はつかみにくいということです。古典の教養がないと馬鹿にされる政治になっているのです。

基本柱三「社会組織は拡大イエ社会」

徳川時代の第三の柱を、社会組織からみてみましょう。

拡大イエ社会は、とりわけ徳川時代に発展したものです。この時代、日本全国に三〇〇とも六〇〇ともいわれる藩があり、藩によってはその規模はかなり小さく、まるで家族が集まっているような現状でした。また、大名は国替えをさせられますが、百姓はそのままその地に留まります。つまり、百姓は土地に属し、侍は家に属していたのです。ですから、藩というよりイエ社会といったほうがぴったりしていたわけです。ちなみに「イエ」とは、複数家族とその従者からなる大家族の生活単位をいいます。藩による政治は「拡大イエ社会」といえるのです。

御家人と農民の知恵比べ

徳川時代は、藩は小さく領土も細分化されたものでした。直属の武士である御家人グループは昔から馴染みの土地ではなく、まるで関係のないところに飛ばされます。幕府としては、農民と御家人が結託して反旗を翻したら恐いということで、見ず知らずのところに飛ばしたのです。御家人たちは新しい土地でいかに農民と仲良くするか、それが政治的な手腕につながりました。藩が小規模であるだけに、農民に助けてもらわなければ立ち行かなくなるからです。徳川時代の民主主義の萌芽的要件はこのあたりに確実にあるのだと思います。ここで、御家人と農民の知恵比べになります。

農民に幕府の仕事を手伝ってもらっているうちに、豊かになったり、才覚のある人が出てきたりします。豪農や豪商がどんどん御家人の体制に組み入れられて、武士の身分をもらうようになります。そこで、武士の人口が最初は三%だったものが、五%になり、徳川時代の終わりころには七%にまで増えたのです。身分が上がってくると、新武士になった層は実権を握るようになります。

藩の中でも、長州藩、薩摩藩の武士が強い実権を握るようになります。体制の中に組み入れられた人がいる一方で、下でよどんでいた人も多かったのではないかと思います。山縣有朋(一八三八〜一九二二)は長州藩の出身で、父親は大名行列の先で毛槍を振る役目だったといわれています。山縣は松下村塾で学び、倒幕運動に加わります。のちに、伊藤博文内閣のもとで地方自治制度を確立して、徴兵令を制定し、軍事制度を確立するなどして活躍します。

徳川幕藩制度は民主的な要素があった

徳川幕藩制度というのは、意外と民主的な要素があったのだと思われます。地主が田畑開拓を託され、開拓すればそれは自分のものになりました。藩は中央政府から、治水工事、灌漑インフラなどを託されますが、それはすべて藩のお金で賄わなければなりません。藩の財政が滞っても、教育、財政、税金、裁判、治水など藩の責任は果たさなくてはなりません。また、助っ人を頼まれれば金策を考えなければなりませんでした。幕府からはさまざまな要求が出されますから、人のやりくりだけでも大変だったはずです。藩をもつということは「金喰い虫」を飼わされているようなものでした。

農業は勤勉革命

農業は気ままに働くというのではなく、多くの収穫を望むなら労働集約的にやらないと、うまくいきません。経済学者の速水《はやみ》融《あきら》氏は、農業は「勤勉革命」だといっていますが、これは、勤勉でないと収穫ができないからです。農作業は一人でというより、家族単位でする仕事です。ですから、近代の家族の原型は、藩の政治がつくったといえるのです。

個々の藩の政治がどうであったかということより、江戸時代は、家の結束を強めた時代、イエ社会を形づくった時代だったのです。このように大きなベクトルで発展したのが徳川時代であり、徳川時代のイエ単位で勤勉に働く気質が近代の社会を形づくりました。

官僚主義の発生

幕藩権力が封建的な主従関係、知行制を基礎にしているという点では、ヨーロッパの封建制に近いといえるでしょう。メリトクラシー、つまり力量次第ではなく、身分がまず重要であったのです。

官僚制であればその役職にふさわしい人材が登用されるべきですが、主従制に基づく世襲的な身分編成に依拠すると、上級の役には上位の身分の家臣しかつけないという関係ができあがります。しかし、実際にはそれではふさわしい人材が得られず、困る場合が生じるので、役職に一定の石高（役高）を設けて、加給したり、何石以上という幅をもたせたりすることになります。

たとえば、町奉行は三〇〇〇石以上の知行をもった旗本からとりたてます。役高制ではその役柄の適任者がいるのに、当人の知行が役高より少ない場合には困ります。ここで享保の改革のときには不足高を補足するという人材登用の方策を設けて、差額を補うようにしました。

有能な人材が家中にいても、身分の低い家臣であれば登用できないことになります。この事情が幕藩制の官僚機構の活力を失わせていきます。

徳川家康の分断政策が結集されたのは、「士農工商」という身分制が確定したときからです。しかも、身分間の移動は認めないわけですから、武士と農工商の三民の区分は厳しかったといえましょう。福沢諭吉があれほどまでに悲観した身分制です。山縣有朋がその低い出自をバネに、明治国家の中で上層へ上層へと登りつめるときの、打倒の対象とした身分制なのです。

身分制度の確立

武士の格が高いため、幕府や大名家に仕える武士の家格が「株」として売買されるようにもなります。この身分制が確立されるのは三代将軍家光の時代だといわれています。家光は、抜群の能力がなければ、幕府の需要ポストにはつかせないという方針でした。家光の欲した大名は文治派で、理論的な考えができる人です。それまでは合戦に強い武士が求められてきましたが、このころになると、戦いに強いということは必要がなくなりましたので、旧式の武士のほとんどを権力から遠ざけました。

幕府最高機関として評定所を設け、このメンバーには老中、若年寄、大目付を三奉行とし、老中に権限を集中するようになりました。

士農工商とは、幕府や諸大名の支配権力を維持するためのものであり、支配階級の武士は名字、帯刀《たいとう》を許されました。

また武士の身分は、大名―藩士―旗本―御家人―中間《ちゅうげん》（武家の奉行人）となっています。

官僚はもともと武士

政治家の二世、三世の世襲問題が話題になります。もともと官僚、すなわち国家公務員は世襲のようなところがありました。家庭環境や教育環境が世襲を容易にするので、役人は世襲が多いのだと思います。いまでも、東京大学出身者が強いのは、役人と学者です。東大出身者の出自に武士が多いということが、このことに関係していると思われます。

徳川国家は官僚国家

元来、徳川国家は官僚国家ということで、軍人が城下町に住みついて武士になりました。

社会学者の池上英子氏は著作の中で、武士が武装解除され、城下町に居を定め、官僚になっていく様を見事に分析しています。戦国時代の個人主義から徳川時代の集団主義への移行がこれを機に進みました。それが明治維新になると役人に変わったということです。ダグラス・マッカーサーが来てもそれは変わりませんでした。

日本では役人には漢文の素養がいるというのは、武士階級が多かったということの証左でしょう。武士には和魂漢才《わこんかんさい》が基本精神とされました。すなわち、日本固有の精神を堅持しながら、中国から伝来する学問を身につけることが求められたのです。藩校で教えたのは漢文、その次が武術です。武術は技術とともに忍耐力を鍛えるものでもあり、勝たなければいけないという精神面での強化に役立ちました。

いろいろな藩により武術の教え方が違いますが、一番わかりやすく極端なのが、薩摩藩での剣道「示現流《じげんりゅう》」です。真正面から面を打ち続ければ、必ず勝つということで、何がなんでも面をとりにいく。面をとらないと致死(一本とったということ)にならないので、前進あるのみの剣道といわれています。

産業がない地域の特徴

公務員や政治家が、鹿児島や山口など大きな産業がない地域出身者が多いのも特徴かもしれません。明治以来の日本の首相の出身地をみると、山口や鹿児島出身が多いのは、藩閥のせいとよくいわれますが、強い産業がないことが大きく働いていると思われます。

イタリアでもシチリア島やカラブリアなど、とくに際立った産業のないところに政治家が多く、政治家の人口構成比は高いのです。現在、北部のトリノやミラノに住んでいる政治家にも南部出身者が多くいます。

明治維新を機に統治の単位が藩から国へとシフトしたとはいえ、官僚主導の政治システム自体は変わることなく存続しました。明治維新後に議会制民主主義が段階的に導入され、官僚のほかに政治家も政治の舞台に登場しました。日本の政治家は必ずしも官僚機構の一環をなしていたわけではありません。

しかし、官僚が政府内で実権を握っていたのに対して、もともと政治家は政府に反対する勢力として登場したことからも察せられるとおり、官僚の協力なしに行動を起こすのは政治家にとっては至難の業でした。

日本では、憲法の規定で政治家のほうが官僚よりも上位に置かれているようにみえるかもしれませんが、実態は必ずしもそうではありませんでした。

徳川時代以降の日本

明治以降では、各省庁および各企業が拡大イエ社会でした。

拡大イエ社会が、普通のイエ社会と異なることを理解するには、企業の創業者が個人というよりは、企業や組織に身をゆだねることが多いことを想起すればよいでしょう。

中国や韓国では、企業は死後も創業者の子孫が継承することが普通です。

日本では優秀な社員を娘と結婚させて養子にするケースがかなりあります。

それに、創業主と関係なく組織によって選ばれた人を企業の舵取りにしていくことも少なくないのです。

集団討議、全員一致が原則

拡大イエ社会では身分制と世襲を基盤にしていながら、実際の運用では柔軟性と実用性が重視されます。拡大イエ社会では、物事の決定方式が家族の中でと同じように、集団討議、全員一致がよしとされるのです。

その意味で、はじめから絶対君主はなかなか受け入れられず、決定は遅めになります。ヘンリー・キッシンジャーは「日本人は決定が遅い」といいました。マシュー・ペリー率いるアメリカ海軍から開国への脅しがあったのが一八五三年、実際に明治維新が起こり、全面的に開国近代化に向かったのは一八六八年でした。また、一九四五年の第二次世界大戦敗北でアメリカと同盟を組むことになりましたが、組織的な抵抗をやめたのは一九六〇年の日米安全保障条約改定後でした。一九九一年バブルが崩壊しましたが、政府が大規模な公的資金投入や積極的な財政支出を渋り、不況を脱出したのは二〇〇六年です。問題が認識されてから一五年くらいかけないと、日本人はなかなか動かないとみられており、これには一面の真実はあります。

企業の研究開発投資については、日本とアメリカの企業は大きく違います。日本では同じ企業のなかで技術者や科学者が競争し、どのグループもそのプロジェクトを下ろそうとしないので、五年、一〇年のスパンでみると、どのグループも研究開発投資の予算配分を得ることが多いというのです。その結果、日本の企業は意外にこんなと思われるプロジェクトにも予算が出されることが普通となります。技術革新が底の広いものになるといえますが、総花主義ともいえましょう。

それに対して、アメリカ企業では優先順位の最高のものを社長・CEOが決定し、優先順位の低いものには、予算が出にくいのです。

基本柱四「経済運営は隣百姓」

農業の振興をはかった徳川時代の基本柱の第四にあげられるのは、経済運営は「隣百姓が勤勉革命の担い手になる」という、経済学者の速水融氏のことばのとおりです。

日射量や降水量を日々観察し、隣が田植えをしたら自分も田植えをし、隣が刈り入れをしたら自分も刈り入れるというように米作を進めることを隣百姓といいます。大きな技術革新があまりない時代は、気象条件に合わせ、タイミングについては隣の判断にも依存しながら一生懸命に励んでいれば、リスクがかなり軽減し、まず間違いなく生きていけるという考えが全国的に広まったのです。

二〇世紀第3・四半世紀後にも、業界が横並びの行動をとる様子が観察されましたが、「隣百姓」そのままです。科学的発見や技術革新の、とりわけ大きなものは徳川時代の日本では生まれませんでした。代わりに勤勉革命とでもいうべきものが後世に強いインパクトを与えるようになりました。

日本人が勤勉になった理由

徳川時代も一八世紀に入ると、灌漑の技術が普及します。そのために洪水や冠水の被害も少なくなります。いままでは大きな川の中流域が米作の中心だったのが、次第に下流にまで拡大していき、米生産量は爆発的に多くなります。

各藩は自給自足が前提ですから、真面目に働かないわけにはいきません。

勤勉に働かなければ食べていけないということ、それが日本人を勤勉にした理由のようです。

日本では資源がないなりに、勤勉と工夫があったからこそ発展したのだと思います。農作地の維持や、灌漑・冷害対策を考えるうえで、勤勉にならざるを得なかったのです。それに加え、徳川時代の経済は基本的にゼロ成長だったために、藩は生産物を増やすなどして収入を確保し、支出を減らす工夫が求められたのです。

現代に続く産業の開花

土地が開墾できなかったり、何らかの事情で農業が財源としては不足だった場合、産業を興す必要性が出てきます。

たとえば徳島藩は、吉野川が山から海に流れ入るだけの土地ですが、目のつけどころがよかったのでしょう。藍を使った織物を大坂に輸出し、比較的裕福な生活を送ることができました。

また、米沢藩は武士階級の人口が藩の農業人口で支えられる数をはるかに超えていたために、漆や紅花などの耕作を藩が積極的に産業政策として推進しました。今日、山形の漆や紅花は産業として開花していますが、当時は、植えつけの際や収穫して漆製品が製造される際に藩から補助金が出るからつくる、といったものでした。

このように、藩により殖産興業に力を入れ、経済機能をもつことが課せられました。農業や殖産が上手な藩とそうでない藩とでは、貧富の差が激しくなります。そのため、各藩は必死になって経済発展に力を注ぎました。

土地面積が狭いことは圧倒的に不利ですが、その土地に合った産業をつくり出して、現在まで続いているところもたくさんあります。

徳川時代以降の日本

明治以降も農業面積を広げる努力は継続しました。しかし、米の労働生産性は全国平均では日露戦争以降、次第に逓減していきました。一九三〇年代には植民地から米を大量に輸入せざるを得なくなっていったのです。第二次世界大戦後もこの趨勢は変わらず、離農と減反が着実に日本の農業を劣化させていきます。農業では米作が典型的ですが、物づくりは工夫と努力が特産産業になるかどうかを左右します。

敗戦後の日本は、文字どおり目覚しい産業の発達を遂げるわけですが、技術、資本など、外国の技術を貪欲に自分のものにする研究がなされます。日本の強みは製造技術力によりました。

一九五〇年代からは、列車、造船、化学、ナイロン繊維、製紙など、発展は多岐にわたります。七〇年代に入ると、石油危機が大きな問題になりますが、この時期は家庭用電化製品の製造が発展します。八〇、九〇年代は、自動車、エレクトロニクス産業が進化し、重軽工業と併せ、新生日本は大きく発展するのです。

基本柱五「日本文化の原点をつくる」

日本人の資質は徳川時代に形成された

第五の柱である文化については、徳川時代が近代日本文化の原点をつくったといってよいでしょう。

その文化については、大きな特性があります。眼に見え、手で触れられるものについては、おそろしいほどの執着と硬直性を示しながら、考えや思想については まことに融通無碍というか、実用主義の柔軟性を示したのです。そのため、日本文化はいろいろなものを選択的にどんどん吸収しました。これは、好きなものだけを受け入れ、そうでないものは拒否するという日本人の性格を顕著に表しています。

たとえば、仏教は古代に輸入され全国的に伝播しましたが、キリスト教徒はこの五〇〇年以上、人口の一パーセントに留まっています。それでいて、結婚は神道かキリスト教、葬式は仏教というように、まぜこぜになっており、それほど気にもしていません。マルクス主義に凝り固まっていたかと思うと、突然転向というのも珍しくありません。徳川幕府打倒勢力が攘夷から開国に突如変わっても、誰も不思議と思わないのです。これは、日本人は考え方に関しては柔軟性があるから、としか説明できないのではないでしょうか。徳川モデルは、文化についてもやはり内生的発展を成し遂げました。日本文化が今日見られるようなものになったのは室町時代だと思いますが、貴族や武士の一部を超えて、いわゆる庶民に根ざしたのはやはり徳川時代です。庶民に根ざしていればこそ、その後、明治維新以降にも継続されていきました。たとえば、安土桃山時代までは個人主義が強くあらわれていたのですが、徳川時代には身分制や藩の自立などのため、次第に集団主義が強くなりました。これは、明治以降の国家による中央集権化や集団主義の徹底を容易にしました。

国内産業の繁栄

木綿がわが国で栽培されるようになったのは戦国時代以後で、戦国大名が軍兵の衣服に適してる綿織物の、高価な輸入品に変わる代用品を求めたからです。綿製品は帆布、旗幟《きし》、陣幕、鉄砲の火縄にと、もっぱら軍需品として用いられていました。絹織物や苧麻《ちょま》に比べて日常着にも適していますし、生産に対する労働力が少なくてすみます。

時代は飛びますが、明治時代の経済状態をみてみると、問題が浮き彫りになります。

国際経済の仕組みとして、日本は当時、関税がありませんでした。欧米との通商条約で関税自主権を獲得できなかったからです。そのため、明治時代以後、自由経済になると外国商品がどっと入ってくるようになりましたが、日本人は外国の製品をあまり使いませんでした。たとえばイギリスから、肌触りのいい良質の綿製品が輸入されるようになりましたが、日本人はゴワゴワした紙のような感触の、馴染みのある国産綿の製品に執着し、相変わらず愛用していたのです。

インドでは、マハトマ・ガンジーがどんなに国産品を奨励しても、イギリスの綿製品がインド市場を席巻してしまいました。

徳川時代以降の日本

東アジアで親が子どもに期待する価値として「どんなことが大事だと思うか」を聞いたことがあります。シンガポール、香港、韓国、台湾、中国などは決まって「自立、勤勉、正直」の三項目がセットで回答されました。

日本では、「やさしさ、思いやり」などのように、儒教の精神「忠恕《ちゅうじょ》（真心と思いやりがあること）」に関連する言葉が高頻度で回答されるのですが、「自立」ということばは出てきません。

東アジアの国々ではまず「自立」が大切とされ、自立してはじめて社会生活は始まると考えられています。次に勤勉、そして正直が大切にされます。

日本では、正直が大事との回答はあまり見たことがありません。日本の学校の先生は「人にはやさしくしましょう」とよくいいます。ですから、回答に「やさしさ」や「思いやり」が出てくるのかもしれません。現在はそれが裏目に出てしまって、女性も男性もやさしさを一番に考えている節があり、いまひとつ力強さがありません。覇気がないと感じることもあります。

後発国の技術内生化の強い思い

日本産業の発達史をみると、戦前は保護主義的でした。日本の限られた土地、資源、そして軍事のために産業を保護せざるを得なかった事情がありまず。一九一四年の第一次世界大戦から一九四一年の太平洋戦争（第二次世界大戦）に進み、産業は戦争で活発化して特需景気に湧きました。その後は、自動車産業が日本を代表する産業になったことはご存知のとおりです。

日本人の特質として、何かをつくるときには、まず研究をしてそれを自分の物にしてから初めて動きだすようなところがあります。産業後発国のメンタリティかもしれませんが、他国に同じような物があったとしても、それを手本に改良をしていくのに加えて、一から研究、開発して自前の物をつくりたいという思いが強いのではないでしょうか。

庶民的食文化の発達

徳川時代は、さまざまな人の多様な考えが混在することで共存していました。食べ物をみても、古代以前には日本列島はドングリとシジミをそれぞれ炭水化物とタンパク質の栄養源としていたらしいのですが、その後の変わりようは目まぐるしいほどです。

日本の子どもが好きな食べ物は、つい最近、日本人が発明したものか、輸入したものです。カレーライスは明治維新後、インドのカレーがイギリスで変形し、それが海軍経由で日本化したようです。スパゲッティは第二次世界大戦後、とりわけ二〇世紀第3・四半世紀からアメリカ経由で輸入され、しかも大胆に日本化していったもので、タラコのスパゲッティをイタリアの誰が思いついたでしょうか。

寿司は、徳川時代に人口が着実に増加し、男子が恒常的に多くなり、炊事がままならなかったので、屋台で食べられるファスト・フードとして生まれました（一七三三年の統計では、江戸の人口は男性は約三四万人、女性は一九万六千人だったそうで、幕末には、ほぼ男女半々となり、江戸は人口一〇〇万の都市になりました）。

そしてやはり、徳川時代に進歩した徳川時代以降の日本といえば、トイレです。人口が急増する傍らで、排泄の処理をくみ取り式にしたのは徳川時代の江戸でした。くみ取った物は肥料として畑で再利用したり、海の沖合に出て廃棄したりしていました。
一八、一九世紀に関するかぎり、衛生基準からみて、日本のトイレはフランスのトイレに比べてはるかに勝っていました。
一八世紀のフランスでは、広いヴェルサイユ宮殿にもトイレがなく、庭に出て藪《やぶ》や物かげで排泄していました。街では、アパートの窓から「水に気をつけて」とひとことかけたうえで、瓶の中の排泄物を通りに捨てるのが普通でした。街ではなかば野性化した豚が人間の排泄物を処理していました。

二〇世紀になると、欧米で水洗トイレが普及しました。この時点で、日本のトイレは欧米のトイレに衛生基準で負けるのです。ところが二〇世紀末から、日本のトイレは便器の温度調節、お尻の自動水洗と乾燥などを備え付け、欧米のトイレを圧倒しつつあります。

4章　徳川遺産を「捨てる！」

三章で徳川時代の五つの基本柱をあげましたが、これらがその後の日本にどのように影響しているかを検証したいと思います。意外なことに、グローバル化社会の日本にとって弊害になっていることがあるのです。

第一、まだ鎖国状態を温存しています。キッパリと開国しましょう。いまさら夜郎自大は無理です。第二、権力の所在、決定の仕組みがあまりにも融通無碍です。大義や原則を唱えてから、権力を行使することに慣れなければなりません。それなくしては、日本の立場はその力量の割にはいつも損することになるでしょう。第三、拡大イエ社会で国民の大きな部分を包摂する新中間大衆を成立させた三十余年間は、夢のまた夢です。身分制、世襲制を事実上維持しながら、そのような擬制を維持しても意味がないのです。個人が社会の中でその存在意義を示せるように改革すべきです。第四、経済運営は隣百姓でも勤勉革命でもなく、新しい考えから新機軸、技術革新、組織革新をつくり出して、生産性をあげる世の中です。盲目的に隣に倣っても、また、どうでもいいような習慣で勤勉さを競っても、無駄が多くなるだけです。

現在の日本文化への徳川モデルの影響は、モノへの執着、言葉への無頓着です。もう少し大義、原則、そして約束を大事にしなくてはなりません。世界が一体化しつつある時代には、「馬々虎々《マーマーフーフー》（中国語で「いい加減」の意味）」では生きにくいのです。

「鎖国」政策を捨てる！

鎖国が尾を引く対外関係

「鎖国をしていた徳川国家は、軽武装商人国家である」というロナルド・トビの研究があります。日本は軍事路線を歩まないように、対外的には鎖国をして海外との関係を断ち、国内の商業を振興する政治を目指した国家ということです。

この鎖国の考え方は、第二次世界大戦後に自由党総裁となった吉田茂首相（一八七八〜一九六七）が打ち出した「吉田ドクトリン」に非常によく似ています。

すなわち、一九五一年、吉田茂はサンフランシスコ講和条約と日米安全保障条約をアメリカと締結しました。そのうえで、「これからの日本は、アメリカに守られているのだから重武装することはない。まず経済発展を考えて、国を復興させよう」という政治姿勢を貫きました。対外的には自由貿易、自由渡航などを打ち出していましたが、実際は貿易には規制があり、海外渡航するのもビザ（入国許可証）が容易には出ませんでした。

疑似鎖国

私は吉田ドクトリンの考え方を「疑似鎖国」だと見なしています。鎖国とは公言していませんが、対外的には縛られた鎖国のような政策だからです。

徳川幕府は対外的には鎖国政策をとり、交易を禁止しておきながら、幕府だけは交易をしていました。藩が外国から武器や物品等を買ったり、人事交流されたりしては困るので、幕府以外は交易禁止にしたのです。

吉田ドクトリンが、まさにこれと同じことをしていました。「吉田ドクトリンよ、永遠なれ」、という意見もありますが、鎖国を永久化することは不可能です。

限られた人しか外国に行けない政策

渡航は自由といいながら、外国へは一部の留学生、駐在員、金持ち、その国に知人や縁故のある人たちだけしか行けない仕組みになっていました。

なぜなら、ビザ取得が難しく、外国人の入国や日本人の渡航には金銭的な制限が課せられたからです。深く勘ぐれば、危険な思想や物を持ってくる外国人を入国させず、また、日本人が外国に行っていろいろな考えを学び、新しい考え方などを持ち込むといけないということで、限られた人しか外国に行けないように規制したわけです。

一九七〇年に海外旅行が自由化されて、面倒なビザ取得が一部の国だけになり、海外との門戸が開かれました。旅行代理店では、観光、宿泊、飛行機代などを含んだパック旅行が企画販売されるようになったので、誰でも気軽に海外に出かけられるようになりました。同年、万国博覧会が大阪で開催されました。世界各国のパビリオンで生の外国の実態や外国人の姿をつぶさに見ることができました。異国からの刺激を受け、日本もやっと国際化の一歩を踏み出すことになります。

しかし、外国為替レートは一ドル三六〇円の時代が長く続き、対外的には日本の立場は高いものではありませんでした。その後、高度成長時代を迎え、日本は飛躍的に発展すると同時に、外国為替レートが上がり、一ドルが一〇〇円内外の円高時代を迎えることになりますが、これはかなり後のことです。

鎖国と英語力の関係

吉田ドクトリンは、吉田自身にとっても一時の便法であり、一世紀先を見すえた戦略としては考えていなかったようです。

もし、太平洋戦争後すぐにでも海外旅行の自由化がなされていたら、日本人が外国語で話す機会も増えたわけですから、日本人の英語力ももっとアップしていただろうに、と思ってしまいます。

現在の日本は、英語力でみると世界一八〇位という情けなさです。これは、日本で長らく続いてきた「長崎の出島」的考えの教育法にも原因があります。

鎖国時代、わずかに開かれた出島には、外国人との交渉を担当している通訳がいました。意思伝達のために便利に使われましたが、決して身分や地位が高いわけではありませんでした。困ったときに何とかしてくれる係（役）でしかなかったのです。

したがって、これらの専門家も世界に開かれた知識人にはなっていないのです。そうではなく、英語が使え、専門的な知識人でもあるという人材を養成しなければいけません。英語を知っているばかりにいろいろ面倒なことを頼まれるだけで、メリットはあまりないというのでは、外国語はうまくならないのです。

ことばを換えていえば、特殊な場所で特殊な人をほんの少数訓練し、外国から来る人の対応を彼等に任せるという考え方です。出島方式のひとつの特徴は、そのような外国語自体を扱う人の社会的地位を低めに確立していたことです。

公務員でいえば、上級試験合格者ではなく専門試験に通った人が外国語を扱います。地位も給与も相対的に高くはありません。地位の高い人は外国語ができなくて、地位の低い人に通訳・翻訳させるのが慣行になっています。その分野だけでみると、無能な人が有能な人に命令する仕組みになっているのです。

疑似連邦制を捨てる！

権力の在り処

日本には疑似連邦主義の長い伝統があります。戦国時代（一四六七〜一五七三）が終結した一六世紀末に支配的となったのは、多くの西欧諸国のその後の歴史を決定づけたのと同種の絶対主義ではありませんでした。

日本流の絶対主義は紆余曲折を繰り返しながら発展していく中で、織田信長という一人の戦国大名に絶対的な権力が集中していきました。

武将である信長は、武力による国家統一の障害になると思われるものを破壊していきます。彼は敵対関係にあった多くの武将を討ち破ったばかりでなく、比叡山延暦寺を焼き討ちにするとともに、商人が運営する自治都市堺をも攻略します。

日本では七世紀以来、象徴的な意味しかもたない名ばかりの存在だったとはいえ、天皇が国家の統治権を握り続けてきましたが、信長はそうした天皇の権力をも奪おうとしました。

信長は外国の思想、技術、通商、宗教を受け入れました。その結果、一五七五年の長篠の戦いにおいて、軍事史上前例のないやり方で数千挺の鉄砲を使用するに至りました。鉄砲隊を多層に分けて切れ目なく発砲させる多層撃ちにより、武田軍の騎馬隊を打ちのめしました。

ヨーロッパでは、一七二五年にライプチヒ近郊で、同じような戦術が初めて採用されましたが、以上のように規模の点で信長の鉄砲隊に遠くおよびませんでした。

実利を重んじる統治者、秀吉

信長の死後、後継者を自認した豊臣秀吉が最終的に武力による国家統一を成し遂げました。実利を重んじる農民出身の統治者であった秀吉は、かつて覇を競い合った武将たちの領地の所有を認め、事実上の自治権を付与することによって彼らに歩み寄ったのです。

秀吉は、武力による国家統一を果たした後、大陸出兵を行いましたが、やがて日本に残っていた秀吉の死をきっかけに全軍が日本にひきあげました。

その後、徳川家康は二度にわたる軍事行動で勝利を治め、豊臣方の連合軍を圧倒しました。こうして家康は初期近代の政治体制の創始者になったのです。ここでいう初期近代とは、日本における近代の先駆けとなる時期のことで、それは一六世紀末に始まり、一九世紀半ばに終わりました。

家康については、彼自身が構想し、実施した諸制度をはるかに凌駕する形になったが、徳川モデルを基本的には継承したという意味では、家康は近代政治体制の生みの親と呼ぶことができます。なぜなら、彼が築き上げた体制こそが、一九世紀半ば以降の連邦制・民主主義体制の基盤となったからです。徳川モデルはその終焉を超えて一五〇年も長生きしているのです。

幕藩体制

幕藩体制とは、幕府と藩がそれぞれ範囲を決めて責任をもつ政治体制で疑似連邦制といえます。江戸時代の体制は、徳川幕府は外交、防衛を担当、その他は藩に任せるという責任分担制度でした。

明治になると、見かけは中央集権なのですが、権力は縦割りの体制になり、意外と疑似連邦制に似てきます。絶対権力をもっているリーダーがいないので、江戸時代を引き継いだ体制ともいえます。

中央官僚制度は、政策分野ごとに担当する省庁が異なります。その省庁が独立王国になっており、それを統一、統制するはずの首相は、それほど強い力をもっていません。法案を国会に提出する前に内閣一致する必要がありますが、大臣が一人でも反対すると、首相はその大臣を罷免するか、内閣総辞職をせざるを得ないほどです。もっとも、鳩山由紀夫前内閣や菅直人内閣になって、連合政権少数与党からの反対をしのぐために、アメリカ軍基地問題では社民党閣僚を罷免し、郵政再国有化問題では、曖昧なままに参院選挙に突入し、選挙結果によっては論争点にならないようにしているかのようです。

世襲をもたらした「イエ社会」を捨てる！

現在も続く世襲と身分制

武士の家は、代々が武士になる世襲制が暗黙の了解でした。
この徳川時代の世襲と身分制は、現在も続いています。

よく、「家業を継ぐ」といいますが、自営の仕事の他に政治家、歌舞伎役者、さらには俳優なども世襲のことが多いようです。サラリーマンも会社によっては世襲です。縁故で代々同じ会社に勤められることもあります。○○大学系などが主流のポストにつけるという社風の会社も珍しくありません。家族か親類になったように、プライベートなことまで面倒をみてくれるような会社もあります。会社運営では資本主義の論理が強くなったとはいえ、身分制はまだ続いているように思います。

企業も、創業者所有のものという枠を越えてはいますが、拡大イエ社会の概念に規定されています。企業組織は藩主ではなく、藩組織を持続的な忠誠の対象としているかにみえます。

「隣百姓」の精神を捨てる！

日本には「隣百姓」ということばがあります。隣の様子を見ながら野良仕事をするという意味です。

農業は、季節や天候を見ながら働かなければならない仕事です。少し時期がずれただけで、収穫がなくなってしまうこともあるからです。自然の中での暮らしの長い、経験豊かな農民の真似をして農作業をすれば、間違いが少ないということです。農業は何より勤勉であることが要求されます。勤勉に働き農作物をたくさん収穫することで、豊かな生活ができるのです。「隣百姓」の精神で頑張れと奨励し、日本人の習性にまでしたのは、まさに徳川幕府の人づくりの産物だといえます。

製造業についていえば、伝統的な製造技術をマスターすることが優先されます。余計なことを考えないで、まずは先輩のやったとおりにつくりましょう、効率、技術等はそれから、といったところです。商業については、人様のために働きますという姿勢を代々植えつけられました。文句をいわずにモクモクと仕事をするように仕向けられたのです。

この真面目で勤勉な日本人の職人気質があったために、日本経済は一時期急激に発達したのだと思います。

勤勉は時には邪魔

確かに勤勉は美徳ですが、技術革新をするときにはかえって邪魔になります。組織自体が変化しているので、昔からの技術を伝承するために一〇年前と同じことをやっていては取り残されてしまいます。昔学んだことを忘れることが、往々にして重要になっているのです。

産業の質の変化は、どの企業にもいえることです。メーカーにあっては原材料や技術が日進月歩で開発されますし、消費者のニーズも変わってきているのですから、創出されるものも当然違ってきます。勤勉にやっていたからといって、世の中の動きに対応するわけではなく、それなりの「頭の働かせ方」をしなくては、時代から取り残されてしまいます。そればかりか、価値観がいつの間にか変わって、何の役にも立たない不要品になってしまう心配もあるのです。

グローバル化に対峙した信長

私が信長をお手本にしたい理由はそこにあります。彼はいち早くグローバル化に対峙していました。科学技術を高く評価し、いま求められていることがきっちり把握できていました。神の力に頼らなかったのも、戦国時代の武将として珍しいことでした。

信長を思うときに、グローバル化、自由競争などのことばが浮かんできます。日本人は、あの時代から信長の眼力に倣うべきでした。寛大にして雄大な思想です。いままでの価値観ではないものを見通す力です。

「優柔不断」な考え方を捨てる！

法政大学教授の王敏《ワンミン》（一九五四〜）さんは、日本と中国の比較研究を続け、ことばの違いの研究を重ねています。日本語と中国語は同じような言語だけれど、同じようで違うことが多いといいます。

王教授は「私は一九八二年に来日しました。当時の中国の留学生は、国家のためということを勉強の目的にしてきました。いま、アジアの人たちを見ていると、勉強の目的や考え方は、国民性で随分違います。

韓国人が大切にしたいと思っているのは、大義、すなわち人として行うべき道ですし、中国人は自分の身を修めることを大事にします。

日本人は物については厳格で保守的ですが、考え方については柔軟だと思います。日本人は優しさ、思いやりなどの気持を大切にしているのではないでしょうか。ですから、相手により考え方を変えたりすることはごく普通です。自分の考えを強く主張することはないのです」といいます。

まったく同じことを、日産の小枝至氏も主張しています。目に見えること、手で触れられる物については固執するけれども、多くの場合抽象的で、身体の感覚を動員しないようなことがらについては、柔軟のようです。

日本人の考え方は、柔軟性があるというのはもはや揺るぎのない事実かもしれませんが、国際的には問題になることもあります。

日本人の本質や資質はすぐに変わることはないとは思いますが、国際的には自分の意見をもつことを求められる時代になっています。

相手次第で考え方を変えることは、自己主張がないとみなされます。他人にやさしい柔軟性ばかりでなく、日本人としての自己をどのように確立して表現するのかが今後の課題となりましょう。

強い日本人になるために

協調性があるのが一番として、「赤信号みんなで渡ればこわくない」とばかりに、他人と歩調を合わせることばかり気にしてきたように思います。日本人にはよい資質もたくさんありますから、それを生かしつつも、これからは「自分の意見をもつ」ことを考えていかなければなりません。

徳川から連綿と続く、「性格」を変えていく時代がきています。いつまでも、徳川モデルを捨て切れないのでは、世界の競争に勝てません。

理想的な国をつくるためには、切磋琢磨する環境が必要です。

徳川時代のように「イエ」を核とした身内だけで生活できる、のんびりした社会では、外国に太刀打ちできません。世の中の仕組みが複雑になってくればくるほど、問題の解決が難しくなります。外国のやり方、情報などを収集して、それを実践で生かさなければなりません。

徳川時代の約三〇〇年で、日本人は真面目に働き勤勉になりました。しかし、どうでもいいことに勤勉になっていないだろうか、と問いたいのです。重箱の隅を突っつくように、たいして重要ではないことを真面目にコツコツ行っているような気がしてならないのです。

5章　新生日本人の一〇カ条——パックス平成への進路

日本人の心理の変遷

徳川時代についていろいろ語ってきましたが、最後にまったく別な視点から徳川モデルを考えてみたいと思います。

徳川時代とその前の時代、そして明治から現代までの趨勢をみてみると、大地球時代の日本人のあるべき姿が見えてきます。

日本の過去五〇〇年の代表的な小説家や詩人の作品を読むと、日本人はいかに大きく変化しているかが、作品のテーマからわかります。しかしそれには、よく知られた代表的な日本文学史、たとえばドナルド・キーン、小西甚一、丸谷才一などが著した物を読んでも役に立ちません。先学に最高の敬意を払いつつも、ここでは恣意的に、自分勝手に、四人の作家をあげて時代を読んでみます。

それは、第一に一休和尚、第二に近松門左衛門、第三に夏目漱石、第四に村上春樹です。

安土桃山は個人主義の時代

安土桃山時代に生きた一休にとって、自分の気持ちに忠実なことが至上命題でした。彼が書いたものの主題は愛であり、尼僧との恋愛です。僧侶のくせにというのは、彼には当てはまりません。個人の心がすべてであって、自分の心の赴くままでした。それが彼の文学作品にあらわれています。いいかえると、個人主義の極みが一休の文学であるといえます。

徳川直前の安土桃山時代がそうだったのですから、日本人は昔からずっと集団主義だったというのは疑問です。集団主義は徳川時代になって武士が非武装化され、城下町に集まり役人と化していくところから強化されたのではないでしょうか。

身分の違いに縛られた元禄時代

元禄時代の近松門左衛門の歌舞伎・浄瑠璃の主題は心中です。

義理と人情に挟まれてどうしようもなく、義理から逃れ、人情を成就させることができる唯一の選択肢として、心中を選ぶのです。身分の違いが厳格に遵守されることが強く求められていた時代ゆえのことでした。個人主義が次第に弱められていく元禄時代の悲哀です。個人主義が抑えられる中でも、それを発揚していく若い男女のこころいきが大きな同情と感動をよぶところに、近松の人気があるのです。

国家に抑圧された明治時代

明治時代の夏目漱石の主題は何でしょうか。

個人主義がさらに抑圧され、個人主義は社会の中での個人主義というよりは自分の心の中に押し込めてはじめて可能だったと思われます。私小説が近代日本文学の主流になった所以のひとつは、国家による締めつけという誇張になりますが、何か鬱陶しいものが周りで強くなっていったのです。近代化を富国強兵のスローガンで進める国家に漱石は閉口したのです。漱石自身、うつ状態がときどき訪れました。最後には、「則天去私」ということで自分さえ捨て去るような境地にたどり着くのでした。

個人の内面を大切にする現代

平成時代の村上春樹の主題は、一人ひとりの内面に行き来する気持ちとそのやり取りです。小説は、そういうものだと思われるかもしれません。しかし春樹の描く作中人物の内面にはそれを楽しむ傾向が強いと思われます。友達、仲間との会話、それを記憶している脳の中での感情の動き、そしてそれを今度は自分の行動として発現することなど、高度に個人の中の心理の動きが、会話の相手との相互作用により出てくるのです。一九九〇年代から飛躍的に進歩する脳科学の知見が世界に広まる以前に、村上春樹はその知見を消化しているかのように小説を展開しているのです。

このように日本文学史を非正統的に斜めに読むと、過去五〇〇年の日本人の心理の変遷がわかります。集団主義は徳川モデルの真髄のひとつでした。

そして、それは徳川時代から昭和時代まで続いたのです。

しかし、平成時代になると、個人主義がじわじわと浸透し始めます。「空気が読めない」と嘲笑されるのも、そういう人が次第に増加していることを暗に示しているからではないでしょうか。現在は、徳川モデルを次第に弱めていく過程におかれていると思えてならないのです。

将来の日本の立場

将来、世界の中の日本の立場はどうなるのでしょうか。対外関係は、ほぼ継続してグローバル化し、地球国家になるのは確実です。そして、地球市民として責任を果たすために、日本は中武装地球国家になるのではと、予想しています。

広がる格差

政治行政については、地方分権がもう少し強まるでしょう。経済はますます発展して行く一方、貧困層から富裕層まで、格差も広がっていくでしょう。中央政府は権限が強まるというよりは、指揮系統をもう少し明白にし、一本化に向かうでしょう。

社会についていえば富裕層が拡大して、グローバル化が進みます。それに伴い、どこまで人を信頼すべきかという問題が残ります。徳川時代からの特殊主義的社会関係資本というのは、身内は信頼するけれど、他人には鼻もひっかけないということで、立場により違った接し方になるはずです。自分の利益になる人、そして心がよく通じあう人とだけは密接につきあうけれど、他の人とはあいさつ程度という欧米的交際術が一般化するかもしれません。

経済については勤勉だけではどうしようもない世界になるでしょう。

何か新基軸や、いろいろな技術、組織の仕組み、情報など、新しい付加価値をつける必要があります。社会は情報経済、知識経済に移行するので技術革新、リスクのとり方、情報の広げ方など、新たな課題をクリアしていく力を養う必要が出てきます。

原則や大義を重用していく時代

文化については、融通無碍ですと、考え方や行動が状況に応じて自由で、物に妨げられないので、場合によってはいい加減だととられてしまいます。これでは国際的に信頼が得られません。原則や大義をより重用していく時代がきています。

駐日アメリカ大使だったマイケル・マンスフィールド氏は「私は原理原則

に厳しい人間です」といいつつ、「私の原理原則は柔軟性です」と続けたそうです。日産の小枝至氏によると、日本人は前者が弱く、後者だけ突出しているということなのでしょう。

考え方や行動が、そのときそのときの気分次第、自由で何ものにも妨げられないのはいいのですが、ブレが大きくなり核心がないというデメリットもあることを自覚したいものです。会議などで最後に発言した人の意見に従ってしまうようでは、説得されやすく、国際的にも信用がなくなってしまいます。

このように考えていくと、歴史によってつくられた日本人の性質、真面目で勤勉であるという長所や、自分の意見をもたず自己主張もしないという短所などが明確になってきます。

新生日本人の一〇カ条
——時代とともに変わる日本人の課題

それでは、現代の日本人として生きるための一〇カ条とは何かを提案してみましょう。

①飽くなき好奇心をもつ

人に会ったら、必ずひとつは質問をする。一人のときは自問自答を癖にする。好奇心は生き生きとした、新しい世界をつくる。

②一途に物事を追求する

何かをすると決意を固めたらあくまで追求し、実現に励む。夢想で終わらぬよう、障害を越えていく覇気、勇気をもって、集中して持続させる。

③困っている人を見たら助けの手を差し伸べる

世の中の困っている人に言葉をかけることが、人の心を温め、元気を与える。

④周りの人に心を開いて接する

自分の仲間には心の底まで打ち明け、他人には木で鼻をくくるような、分け隔ての激しい態度を捨てる。

⑤他人を責めない

自分の間違いや至らぬ点を直すことに重点をおく。そうすれば、失敗は成功につながる。

⑥打たれ強くなる

誹謗中傷にも邪魔されることなく、堂々と生きる。

⑦他人の気持ちと立場（権利と尊厳）は大事にする

根拠のない他人批判は慎む。

⑧感じ方や考え方が他人と違って、はじめて自分の付加価値ができると思え

「その他大勢」とまったく同じということでは余剰の人になる。人間は一人ひとりかけがえのない存在として振る舞うことが大切だと思う。

⑨他人と一緒に仕事をする

他人と一緒に時間を過ごす。他人と気持ちを一時でも共有する。ちょっとした仕事を協働することで、いろいろ学べるものである。

⑩英語（世界標準語）を物にする

読み書き算盤は日本だけですまない。すなわち、経済生活は日本だけでは成立しない。他の分野でも世界と密接に、微妙につながっている。英語ができないと世界とつながらないのだ。

考える人間に

未来を信長の力で展開することができなかったのは、返すがえすも残念です。信長モデルとは、自分を信じて大きく広がろうとする力があるということですから、私たちも自分で何ができるかを考えてみたいものです。

私たちが比較的簡単にできることがあるとすれば、一日一回考える時間を毎日少しでももつ習慣をつくるということです。マニュアルがあるからそれに従うということではなくて、自分としてはどう思うかを、深く考えてみることです。

パンチに欠ける日本の大学教育

日本ではじめてノーベル賞を受賞したのは、原子核内の中間子の存在を理論上から予言した湯川秀樹でした。

しかし、ノーベル賞を受けている人は現在一六人でそう多くはありません。東大卒業生に限っていえば、六人が受賞しているのですが、東大で学んだ学問が直接受賞に結びついている人は、二〇〇二年に宇宙ニュートリノの検出によるパイオニア的貢献でノーベル物理学賞を受賞した小柴昌俊さんだけです。その他の人は、アメリカ仕込みの研究か、受賞者の持ち前の力で獲得しました。

これは日本の大学教育にいまひとつ力がなく、アメリカのように次から次へと受賞するような軌道には入っていないことを示唆しています。

ノーベル賞受賞者の多くが、受賞後に「失敗が新しい考え方のヒントとなった」とコメントします。何かを発見したり、創造したりすることは、コツコツと地道にやることからは出てこないのです。勤勉とは、先人の後をそのままたどることばかりではありません。また、考えるとは、その瞬間考えるということではなくて、常に頭の片隅においておき、考え抜くということです。ずっと考えていると、あるときひらめくことがあります。多方面から考えていると、まるで別の方向から光が当たることがあります。考える楽しさはまさにそこにあるのです。

そのためにまず、「こんなことができたらいいな」という夢をもつこと。夢を実現するためにはどうしたらよいのかを考えることで、ひらめくことがあるのです。思つきが新しいアイデアを生むのです。

問題意識のもち方

自分にとっての課題、宿題を見つける癖をつけることもおすすめです。できれば問題意識がはっきりしたものがいいでしょう。

組織では、現実に困ったことが起きたときに、その解決法に対して賞金や助成金を出すというようなことがあります。助成金などを出す際は、すでに展開している分野や具体化できるものだけを選びがちな傾向にあります。しかし、これから問題が展開するようなところに、スポットを当ててあげるようにしたらどうかと思うのです。信長的な新しい着眼点に対して、お金を出してあげるようにするのです。

芽が出て花が咲いてしまったものより、これから芽を出すだろうというところを見つける力、それを考える癖をつける訓練が日本人には必要だと思います。

独創性をもって将来の夢に向かおう

そして、意欲をもってやってみる、無謀なことでもやってみることです。ただこの場合、小さなお金儲けのようなどうでもいいことを一生懸命やりすぎるのではなく、将来の夢に向かうべきです。どうでもいいことにエネルギーを使い過ぎていると、他人にばかり気をとられ、独創性が空回りしてしまいます。

私が若いときに熱中したのは、六カ国語をマスターすることでした。世界で通用するために英語、フランス語、ロシア語、中国語、韓国語、ドイツ語を、同時並行的に学ぶことにチャレンジしました。狂気の沙汰というべきでしょう。しかし、やってみたのです。

大学四年間、毎日外国語の授業をとり、外国語の勉強に明け暮れました。辞書の引き方もしばらくはおぼつかなかった言語もありましたが、絡まった糸が解けるように、いつの間にか、苦手意識が消え去ったことは、自分の自信につながりました。

さらに、国際政治学者として世界の学者と交流をもち、世界を視野に入れて活躍できるようになったときに、語学力は私に大きな力を与えてくれたのです。

やるからには熱意をもって当たるべきです。外国語の辞書を合わせて十何冊も買って、二四時間臨戦態勢で言語と向き合いました。無茶無謀でしたが、どの外国語に対しても興味をもち、怖じけづかないという姿勢で向かいました。

面白いもので、一生懸命何かをすることで、そのことをマスターできるだけでなく、自分の生き方に自信が出てきます。勉強とは、生き方探しの答えを教えてくれることでもあると思います。

世界を動かす日本人の特長

毎年「世界を動かす一〇〇人の要人たち」(TIME誌)が発表されます。富豪、政治家が主に選出されていますが、決してそういう人ばかりではありません。

専門分野を極めたり、新しい分野や人が関心をもたないことに長い期間かかわっていたりする人も多く選ばれています。私はその人たちに共通点を見出すことができます。

それは「一途な人である」ということです。他人が何といおうと自分が思い描くことに、ただただ真面目に取り組んでいる人です。はじめは雲をつかむようなことでも、ひらめいたことを続けているうちに、それがだんだん形になっていくのだと思います。

戦国時代に戻ってみれば、織田信長は「国づくり」に新しい視点を取り入れた武将でした。それまでの刀や槍の武器に代えて、鉄砲を用い、戦術の方法を変えたのです。日本国内だけに目を向けるのではなく、海外の産業を日本に合う形で取り入れました。

これは、信長が「自分の頭で考えた」結果、考え出したものです。信長の夢は「日本を治める」ことでした。この目的に向かって、夢中になって考えた結果、いままでにない戦いの形を創造することができたのです。自分のやりたいことに、まずは突き進むうちに、本当に好きになるものです。考えながら続けていくことで、創造する力もついてきます。

徳川時代の「隣百姓」のように、他の人と同じことをしているだけでは、これからの世界を切り開いていくことはできないでしょう。

一人ひとりが考えることを始め、「自分のしたいこと」に向かっていくことが必要ではないでしょうか。みんなのエネルギーがまとまれば、これからの日本の大きなエネルギーになります。

前出の一〇カ条を常に念頭におき、毎日を生きてほしいと熱望しています。

人間は不思議なもので、毎日暗唱したことは、難問に出会ったときに、ひょいと思い出すものです。

アメリカ人の友人は、子供のときに『オズの魔法使い』を母親に読んでもらったことをよく覚えていて、この本から「夢を追いかけること、素直に他人に接すること、そして最後は自分自身で判断するということ」を学びとり、夢を実現したといいます。アメリカ大統領バラク・オバマのお母さんは、『オズの魔法使い』の舞台、カンザスで生まれました。一途に夢を追いかけることの大切さを、オバマ大統領もカンザス出身の母親から学んだに違いありません。

文化大革命世代の中国人の友人は、田舎に出張している最中に、盲腸の外科手術を受けなければならなくなりました。そのときに思い出したのは、少年時代に何回も何回も繰り返し暗唱した「決意を固め、犠牲を恐れず……」という文化大革命時によく歌われた歌だったということです。何回か唱えながら手術を受けたということを語ってくれました。私も中国語を学習したのはちょうどそのころだったので、その友人のエピソードを聞いて何となく共感を覚えました。

最後にひと言、私の提言です。

「徳川モデルから離れよう。徳川モデルからの離脱と解放から、新生日本人が生まれる」

付録

政治理論における宗教の位置

一．宗教と西洋近代性

　ヴァチカンが治めるカトリック教会の至上性からの解放を目指して展開された闘争の中で、近代西洋は誕生した。近代国家の建設が進んだのは皮肉にも、かなりの程度、王の権威と正統性は神から授かったという議論からであった。中世後期と近代初期の西洋において、聖と俗の分離は漸進的に進んだが、それによって神は正統な権威など一つも存在しない世俗世界に転移されることとなった。この転移を促すために展開された議論が、王は一人の手中に集められた正当性と権威を有する世俗的な神であるという理論であった。

　主権の概念が近代西洋で受け入れられたのは、神聖世界の神と世俗世界の王という受け入れやすいアナロジーが存在したためである。このような図式のもとに生まれたのが、王の役割に関する絶対主義の概念であった（Burns 1991）。フランスにおけるリシュリュー枢機卿ことアルマン・ジャン・デュ・プレシ公爵と、ジュール・マザラン枢機卿がこの考えをまとめた。国民からの同意と、彼らとの契約をもとに主権の概念を作り出すために、王の主権による統治は近代西洋においてさらに形を変えた。神から授かった主権という考えにかわって、王の主権による統治を正当化するために人民の概念が出現した。臣民の同意に由来する主権の概念を最初に指摘したのは、ジョン・ウィクリフであった。ウィクリフは、一四世紀にイングランドで宗教改革を推進した。彼の言葉はそれ以降、広く参照されるようになった。彼は「この聖書は人民の、人民による、人民のための統治に資するものである」と論じた。人民の統治という表現は、統治の正統性は人民に由来するということを意味している。ウィクリフは、人民の意志と同意によって正当化されるという考えは聖書によって認められると論じた。

このねじれは西洋におけるジョン・ロックのような社会契約論者たちによって確固たるものとされ、さらに一八～二〇世紀にデモクラシーの概念へと進化した。宗教とデモクラシーとの密接なつながりは、一八六三年にゲティスバーグ演説を行ったエイブラハム・リンカーンや、二〇〇九年に大統領就任スピーチを行ったバラク・オバマなど、多くの指導者が借用している自由主義的な言葉からも証明される。

世俗生活の一つの柱である政治と、宗教との緊密なつながりは、世俗生活のもう一つの柱である科学と、宗教との緊密なつながりに似ていた。科学の発達はまた、神学における実在論に対する唯名論の発展と深く関連していた。神学における唯名論では、人が神を信じるときにのみ神はその人の心の中に存在すると論じられる。神は信者が神の概念を用いるがゆえに存在する。このように概念化することにより、神が存在すると考えることが可能になる。神が有機物として肉体を有しているのではないのである。唯名論の旗振り役は、一四世紀のオッカムのウイリアム（Spade 1999）のような神学者たちであった。科学の進歩は神学の唯名論者がこのような分離を主導することによって可能になった。西洋で最も広く読まれている本が聖書と『種の起源』であるという事実こそが、二〇世紀とそれ以降に明らかとなる宗教と科学の間における固有の対立を象徴的に示している。

二．近代西洋における宗教の抑圧された役割

宗教と、世俗生活におけるさらにもう一つの柱である社会科学とのつながりを最もよく表す例が、国際関係論や平和研究である。私は四つの研究例に焦点を当てるが、それは国際関係におけるヘンリー・キッシンジャー（一九七三）とスティーブン・クラズナー（一九九九）の著作、そして平和研究におけるヨハン・ガルトゥング（一九六九）とブルース・ラセット（一九九四）の著作である。このテーマに向かう前に、一九世紀と二〇世紀の宗教と社会科学の前史に触れておかなくてはならないだろう。

近代社会科学の二人の巨人であるカール・マルクスとマックス・ヴェーバーは宗教に対して否定的であった。マルクスの最も有名な言葉に、「宗教は民衆のアヘンである」というものがある。また、ヴェーバーは「近代は脱呪術化、つまり呪術信仰や迷信からの人々の解放とともに始まる」と論じている。彼らだけでなくほとんどの社会科学者たちは、自分たちの著作から宗教的な匂いを消すことに躍起となった。

当時、宗教のテーマは社会科学の著作の中でもそれほど取り上げられることがなくなった。それどころか、ピーター・ドラッカー（一九八二）は、会社経営や知識経済からの営利に関し

て、いささかも宗教的な影響力を持つようなスタイルをとることなく、マネジメント革命と知識経済について論じた。同様に、ダニエル・ベル（二〇〇〇）は、宗教的に動機づけられるような思考と労働の形態や習慣を暗示することなく、物質主義と産業主義が社会の促進力となったとして、イデオロギーの終焉について語った。それゆえ、近代性の三本柱である世俗性、合理性、能力主義が、二〇世紀の後半に、宗教に関する思考や研究の抑圧とともに生じたことは、驚くに値しない。マルクスとヴェーバーはともに、おそらく彼らの意図に反して極端な高みに祭り上げられたかのようにみえた。結局、マルクスは資本主義社会における階級間の緊張関係を扱い、そこでの宗教の機能を議論するのに力を割いたが、ヴェーバーはプロテスタント倫理と資本主義の精神との関係に関する命題について物した。

二〇世紀がまさに終わろうとしていたとき、宗教が復活してきた。それはまさに逆ルネッサンスといえる。サミュエル・ハンチントン（一九九七）は、文明の衝突という新たな眺望を提示したが、そこでは宗教が人々を分断し、流血をもたらす可能性を大いに高めているとした。彼はキリスト教徒とイスラム教徒を分かつ線がバルカン半島のなかに存在し、その民族・宗教の境界線に沿って何度も紛争が起こっていることを劇的に示した。また彼は、アメリカの優位が徐々に低下しつつあるような地域に、中国が拡大・浸透してきていることを示している。ハンチントンの文明論において、宗教は最も重要な要素である。また、デヴィッド・ランデス（二〇〇一）は、レコンキスタ以来のイベリア半島の話を直截に語っている。キリスト教徒は自分たちの王国を建設するという神聖なる使命のために、半島からイスラム教徒とユダヤ教徒を追い出した。概して教養も技術も低かったキリスト教徒は、製造業や商業に革新的な要素を加えた新しいイベリア半島経済を構築することに失敗するという帰結に至ったが、そのような要素を提供してきたのはこの半島から追放されたイスラム教徒やユダヤ教徒だったのである。よって、キリスト教徒は、自分たちが征服した新世界、新大陸や世界のその他地域における港湾施設や領土に、冒険家たちを送らなければならなかった。

ロナルド・イングルハートとピッパ・ノリス（二〇〇四）は自由とデモクラシーのような諸価値と宗教とのつながりなどに触れた「聖と俗」に関する書籍のなかで、宗教についてより体系的に世界大での分析を行っている。分析の基礎となった世界価値観調査では、「あなたの生活にとって神はどの程度重要ですか」、そして「冠婚葬祭は別として、あなたは最近どの程度教会に行ったり、お寺や神社にお参りに行ったりしていますか」と尋ねている。これらの質問は明らかに西洋的・キリスト教的バイアスのかかった質問である。おそらくそれより中立的な質問は「あなたは、どのくらいの頻度でお祈りをしていますか」と「あなたは、次のどの活動に宗教の信仰者や団体がかかわるべきであると考えますか」であろう。それらの質問は、私が運営するアジア・バロメーター調査で尋ねられたものである（Reed 2007）。より中立的な言い回しの質問が使われるときにのみ、宗教の差異に関してより正確でより公平な比較がなされると考えられる。

三．二一世紀に国際関係論と平和研究において再発見された宗教の位置

国際関係論と平和研究において類似の傾向が見出されるようになったが、それは文脈的変数・説明変数が宗教の抑圧から、宗教的変数とそれ以外の信仰に関する変数へと変化してきたという事実である。ここでは、ロマノフ王朝のアレクサンドル一世が、ナポレオン戦争のあとに生じつつあった主要な秩序原理としてキリスト教を取り戻すことに血道をあげたという例を取り上げてみよう。

ヘンリー・キッシンジャー（一九九四）の説明のなかでは、その側面はそれほど強く焦点を当てられてはいないが、他方、この出来事の最近の説明では、スティーブン・クラズナー（一九九九）のような人々によって、このような宗教的に動機づけられ、信仰に関連する要因は（中世的要因として扱われているのかもしれないが）強調される傾向にある。キッシンジャーの説明は、ウェストファリア体制の広い枠組みのなかでのバランス・オブ・パワーの回復に焦点を当てている。クラズナーの説明の中心は、一六四八年以降ずっと、中世的・非国家的な要因が担ってきた頑強な役割を重視していないという意味で、ウェストファリア的秩序がどれくらい疑わしいかを強調するという点にある。宗教は明らかに、国際関係論の説明の中に舞い戻ってきているのだ。

二〇世紀の第3四半期においてヨハン・ガルトゥング（一九六九）が言明した構造的暴力の理論は社会学的理論であるが、その理論では国家を勝ち犬（top dog）と負け犬（underdog）、そしてその中間に分け、階層的関係の構造的帰結について述べている。国際社会には資源と能

力の点でとてつもない乖離が存在するが、構造的暴力とは、その国際社会における国家アクターの配置の仕方によって強いられる不公平な状況を指す。これは、単に社会学的仮説にすぎず、必ずしも宗教的な色合いがあるわけではない。この意味で、ガルトゥングはヴェーバーやマルクスの忠実な弟子である。

二〇世紀後半、一九二カ国中一二〇カ国が国連によって民主政であると宣言されるほど、デモクラシーは非常に高い地点にまで到達した。デモクラシーが一連の信条や制度である限りにおいて、それは一種の宗教であると見ることを可能とする特色を有している。イマヌエル・カントは、彼の開拓者的思想からして、最初に触れておかなければならない人物であろう。

イマヌエル・カントは一七九五年、『永遠平和のために』のなかで、有名な議論として、恒久平和の条件として次の三つをあげている。第一に、共和体制は均衡と抑制が組み込まれているがゆえに、平和をもたらすとする。第二に、国際貿易は関連する諸アクター間で暴力を用いずに深い関与を成し遂げるがゆえに、平和をもたらすとする。第三に、多国間合意は当事者間で暴力を用いることを抑制するというやり方で、相互に結合していくがゆえに、平和をもたらすとする。生涯ケーニヒスベルクで過ごし、ヨーロッパの生活環境の変遷を目の当たりにしたカントは、最も簡潔な方法で将来における変化の波をとらえたことは驚くべき事実である。

カントの洞察は、一九八〇年代～一九九〇年代にかけて、まずマイケル・ドイルによって「再発見」され、洗練され、そしてブルース・ラセットによって経験的に「実証」された。民主的平和論は、一九八九～一九九一年の冷戦終結後に生まれた。この民主的平和論は、アメリカの二人の政府最高指導者にも浸透し、内戦に苦しむ破綻国家や、世界的テロリストたちが定着している「ならず者国家」への人道的介入と呼ばれる行為を正当化するために用いられた。民主政はそれらの国々の間で平和愛好的なだけでなく、民主政を転覆させる可能性のある非民主政とは交戦しがちであると、彼らは論じている。

一九九〇年代に入り、カントと二〇世紀後半の現実の間の相互作用は、カント右派とカント左派と呼ばれるものを作り出したが、それはヘーゲル右派とヘーゲル左派を連想させるものである。ちなみに、ヘーゲル左派はのちのマルクス主義者の母体となった。カント右派は九・一一テロやアフガン・イラク戦争のあと、二〇〇〇年代に姿を現した。彼らは、もしカントが生きていて、これらのすべてを目にしていたならば、彼は大量破壊兵器をイラクから国外に向けて使用させないために、イラク戦争を支持したであろうと論じている。その論者の中には、ロジャー・スクルートン（二〇〇四）が含まれる。彼らは、民主政は受動的ではあり得ず、無辜の市民が殺戮され、民主政が軍事的圧力からの挑戦にさらされている時にただ座しているわけにはいかないと論じる。そしてそうではなく、民主政は反民主政諸国と戦うべきだとする。

カント右派と鋭い対照をなしているのが、ロシアにおいて「主権的デモクラシー」と呼ばれる考えで、それは国内の民主的な問題に対して外側からの介入を拒否するデモクラシーを呼称したものである（Lukyanov 2007）。ここで言及されていることは、チェチェン、グルジア、ウクライナ、キルギスといったかつてソ連に統合されていた社会において、民主化と分離運動の関連で起こっている出来事である。

ガルトゥングやラセットを並べて論じることにより、国際関係論と平和研究におけるデモクラシーの論争的役割を通じて、深い議論が可能となる。

四．結論

政治理論における宗教の位置の変化を見るために、私は近代西洋における「対政治」と「対科学」に関する文献の中で、宗教がどのように扱われているかを説明した。それから私は、宗教が存在空間を奪われ、そしてその場所を再発見したことを示す文献を対比した。後者の例として、国際関係論についてはキッシンジャーとハンチントンを、平和研究についてはガルトゥングとラセットをそれぞれ取り上げた。この変容が学術的著作の中でどのように起こっているかを詳細に検討してはこなかったが、四半世紀という短い期間で起こった顕著な変化については触れることができたのではないかと思う。

John Dunn, *Democracy : A History*, Atlantic Monthly Press.
田代和生著『日朝交易と対馬藩』創文社。
公文俊平著『文明の進化と情報化―IT 革命の世界史的意味』NTT 出版。
Kaoru Sugihara, *Japan, China, and the Growth of the Asian International Economy, 1850-1949*, Oxford University Press.
Jin'Ichi Konishi, Earl Roy Miner, *A History of Japanese Literature*, Princeton University Press.
Donald Keene, *Modern Japanese Literature : An Anthology*, Grove Pr.
丸谷才一著『不思議な文学史を生きる』文藝春秋。
Mark Lilla, *The Stillborn God : Religion, Politics and the Modern West*, vintage.
Conrad Totman, *Politics in the Tokugawa Bakufu, 1600-1843*, University of California Press.
徳川恒孝著『江戸の遺伝子―いまこそ見直されるべき日本人の知恵』PHP 研究所。
Michael Smitka, *The Japanese Economy in the Tokugawa Era, 1600-1868*, Routledge.
Andrew Gordon, *A Modern History of Japan : From Tokugawa Times to the Present*, Oxford University Press.
Ronald Dore, *Education in Tokugawa Japan*, Routledge.
A.L.Sadler, *The Maker of Modern Japan : The Life of Tokugawa Ieyasu*, Routledge.
Susan Hanley, *Everyday Things in Premodern Japan : The Hidden Legacy of Material Culture*, Univertsity of California Press.

参考文献

ロナルド・トビ著『近世日本の国家形成と外交』速水融、川勝平太、永積洋子訳、創文社。

カレル・ヴァン・ウォルフレン著『日本　権力構造の謎』篠原勝訳、早川書房。

マイケル・マン著『ソーシャルパワー：社会的な“力”の世界歴史Ｉ　先史からヨーロッパ文明の形成へ』森本醇、君塚直隆訳、ＮＴＴ出版。

マイケル・マン著『ソーシャルパワー：社会的な“力”の世界歴史II　階級と国民国家の「長い19世紀」（上）（下）』森本醇、君塚直隆訳、NTT出版。

John Keane, *The Life and Death of Democracy*, W.W. Norton.

Robert Kagan, *Dangerous Nation*, Knopf.

ニーアル・ファーガソン著『マネーの進化史』仙名紀訳、早川書房。

マーク・ラビナ著『「名君」の蹉跌―藩政改革の政治経済学』浜野潔訳、NTT 出版。

猪口孝著『日本 経済大国の政治運営』東京大学出版会。

Baogang He, Brian Galligan, and Takashi Inoguchi, *Federalism in Asia*, Edward Elgar Pub.

丸山眞男著『日本政治思想史研究』東京大学出版会。

渡辺浩著『日本政治思想史―十七～十九世紀』東京大学出版会。

村上泰亮、公文俊平、佐藤誠三郎共著『文明としてのイエ社会』中央公論新社。

速水融著『近世濃尾地方の人口・経済・社会』創文社。

池上英子著『名誉と順応―サムライ精神の歴史社会学』森本醇訳、ＮＴＴ出版。

鬼頭宏著『文明としての江戸システム』講談社。

あとがき——日本政治の謎

このところ、日本の政治は選挙ばかりやっている。国政選挙だけでなく、地方選挙や政党党首選挙なども含めると、選挙選挙で明け暮れる日々のようである。そもそも政治家の役割は、選挙の時は戦い、選挙以外の時には政策を立法するために頭や足を使うというのが憲法的建前であるが、後者が前者に押し出され、政策はあわや消滅の一歩手前、選挙が政治家の突出した仕事になっている。

イタリア語では政治と政策を言葉で区別しないのだそうである。そのせいかどうかはわからないが、イタリア前経済財政大臣のショッパによると、イタリアには「政治があって、政策はない」そうで、首相になっても、政敵をどのようにして追い落とすかばかり考えているのだそうである。確かに現首相のベルルスコーニはそんな感じを与える。とくにベルルスコーニに挑戦者が現れ、いろいろな手を使って追い落とそうとしている時なればこそ、ますます政治に拍車がかかるのだろう。元首相のブローディが欧州連合の代表としてブラッセルにいた時も、イタリアの国政に戻る手だてとして何がもっとも効果的かとばかり考えていたのだそうである。外国に左遷されたようなものだったから、セントヘレナ島からの帰還と復活を考えていたナポレオンのような心境だったのだろう。

ブローディが欧州連合の代表の時、当時のアメリカ大統領ビル・クリントンが欧州大学研究所（フィレンツェ）を訪問、例によってなかなかうまい演説をした。気のきいたラテン語の文句まで引用している。ブローディはここぞ出番とばかりに、クリントンの演説に答えるように、ラテン語の文章をおそらく即興的に引用、あたかもラテン語で連歌を共演したようだったそうである。ブローディの頭にあったのは、「次の首相になるためにどのような得点が可能か」だけだったと思う。クリントン大統領とのラテン語による連歌共演も、得点のひとつにすぎなかったのだろう。

政治家の役割のうち、選挙と政策を考える時、選挙の比重が高まっているような感じを受けるのは、おそらくイタリアや日本だけではないだろう。その理由を考えてみたい。イタリアは欧州連合加盟国であり、地域共通の立法は増加するのみであるが、それをイタリア議会で自動的に、ラバースタンプを押すように、もう一回立法するのであるが、ベルルスコーニにしてみれば、欧州連合のすべてのことが退屈でしかたがないに違いない。ましてイタリア議会で同じことをやるのは耐えられないのだろう。それはすべて政策である。政策はつまらないことである。人を興奮されることではない。それはユーロクラット（EU官僚）に任せておけばよい、というのがベルルスコーニの考えだと思う。

それはイタリアに限らず、デンマークやオランダ、オーストリアなど小さめな国に共通なことなのではないだろうか。そういう国に限って、欧州連合ではあまり立法されないようなことで世間を賑わせてはいないか。イスラム教信者を嘲笑したり、ネオナチスを気取った集団が出てきたりするのも、これらの国が多い。

日本が選挙で忙しく、政策はおざなりらしき印象を与えているのはなぜか。政策論議が盛んになるような気配がないわけではないが、政策論議の対立軸をはっきりさせよ、などといっているのは政策論議をうわべだけでもそうしてほしい、そうでないと選挙でも勝ちにくいということがあるからではないか。それでは、どうしてもう少ししっかりとした政策論議がないのだろうか。二つの理由を考えよう。

第一に、二大政党の誕生とともに、二大政党の政策は収斂してきていることがあげられるだろう。しかも手に負えないことに、政策立場を政党ごとに平均してみると、お互いにいやに近くに位置しているのである。これでは政策論議が高まりにくい。相手陣営を攻撃すると、自分陣営を攻撃することになりやすいからだ。第二に、政治主導といいながら、事実上、官僚が牛耳っているに等しい。官僚にすれば、政治主導といっていないと面倒なことになりかねないので、そうだそうだといい、政治主導をやかましくいう政治家は選挙などで忙しいので、政策には深入りしない。選挙を頻繁にやっている割には、深い政策論議がされているという感じがしないのは、そのせいではないか。その底流にあるのはやはり官僚主導で、徳川時代から続いてきた日本政治の慣行があるのではないか。

ベルルスコーニ同様、日本の政治家もユーロクラットならぬ、ビューロクラット（官僚）がすべてをちゃんとやってくれているのではないかと安易に考えているところがあると思う。ビューロクラットがしっかりしていないような危機感を感じさせるような時もある。そうなればこそ、政治主導が掛け声だけの政敵論難競争に終始せずともすむだろう。

本書を書き上げるにあたって、お世話になった方々に感謝の気持ちを表したい。妻の猪口邦子が参議院議員選挙（千葉県全県選挙区）に参加したので、家族全員が大変な時に書き上げることになった。それを許してくれた家族のメンバーにまず感謝したい。新潟県立大学東京サテライトのスタッフは、夏休みをとらない私をとんでもない学長と多分ひそかに思いながらも、いつもながら助けの手を差し伸べてくれた。とりわけ、郷古貴美子さんと沼田渉さんにはひとかたならぬお世話になった。

また、出版がこうも難しくなった時に、著者以外に読者が存在するという推定がたつこと自体、著者にすればありがたいことである。デカルトの「我思う、故に我在り」をもじって、「我著す、故に我在り」をスローガンにしていつも執筆をしているが、それを可能にしてくれるのは読者の存在である。したがって、本書を手にしてくれるだろうすべての読者に著者の衷心からの感謝を呈したい。

小石川の寓居で

猪口　孝

著者◎猪口　孝（いのぐち・たかし）

政治学博士。東京大学名誉教授、元国際連合大学上級副学長（国際連合事務次長補）、前新潟県立大学学長兼理事長、前桜美林大学特別招聘教授兼アジア文化研究所所長。現在は、中央大学総合研究開発機構上席研究員。2023年秋の叙勲において瑞宝中綬章を受章した。著書に、“The Development of Global Legislative Politics: Rousseau and Locke Writ Global”(Springer Nature)、『国際関係論の系譜』[猪口孝編「シリーズ国際関係論」](東京大学出版会)、『トンボとエダマメ論 何が夢をかなえるのか』（西村書店）、『アジアの幸福度』（岩波書店）など多数。訳書に『人類の幸福論』、監訳書に『民主主義にとって安全な世界とは何か 国際主義と秩序の危機』（いずれも西村書店）などがある。

「日本政治の謎」徳川モデルを捨てきれない日本人 新装版

2024年 3月 1日　新装版第1刷発行

著　者　猪口　孝
発行者　西村正徳
発行所　西村書店
東京出版編集部　〒102-0071 東京都千代田区富士見2-4-6
Tel.03-3239-7671　Fax.03-3239-7622
www.nishimurashoten.co.jp

印刷・製本　中央精版印刷株式会社

ISBN978-4-86706-051-3

西村書店　図書案内

アジアの政治と民主主義
ギャラップ調査を分析する

猪口 孝／カールソン 編

●四六判・三三頁　◆4180円

草の根からみた比較政治体制論。アジアの多様性とグローバリズムの現実と矛盾を見据え、明日の世界を占う貴重なカギを提供。

トンボとエダマメ論
何が夢をかなえるのか

猪口 孝 著

●B6変型・二三頁　◆1047円

夢中になれるものを見つければ、必ず道がひらける！　みんなに元気の芽を与える応援歌。

英語は道具力

猪口 孝 著

●B6変型・二〇八頁　◆990円

目標→世界で活躍する自分になる！　大事なものは…地球標準語になった英語をうまくつかうこと。これは最低条件です。

タンポポな生き方

猪口 孝 著

●四六判・六四頁　◆1320円

世界で活躍するには何が必要か？　大事なのは自立。自分を活かした仕事で世界にジャンプできる、そんな人間になろう。

くにこ・ism イズム

猪口邦子 著

●B6変型・六四頁　◆1047円

「自分らしさ」を大切にしつつ、国際政治学者として、また政治家として発信し続ける猪口邦子のすべて。

世界文字の大図鑑
〜謎と秘密〜

コンスタンティノフ 文・絵　青柳正規 監修　若松宣子 訳

●A4変型・七二頁　◆3190円

約5500年前に文字は発明された。世界各地で生まれた最初の文字とは？　文字の考案者とは？　言語・社会・歴史・文化を背景に、多様な文字の世界を大胆に描く！

カラー世界パンデミックの記録
コロナに立ち向かう人類の挑戦

ウード 編　青柳正規 日本語版監修　前島美知子 訳

●B5判・三八頁　◆3850円

瞬く間に世界を覆った新型コロナウイルス。2020年1月から2021年春までのあいだ、AFP通信が世界で撮影した風景と人々の写真481点を収録した写真集。

価格表示はすべて税込（10%）です